B. Huelsemann

Geschichte des Königlich-Hannoverschen vierten

Infanterie-Regiments

B. Huelsemann

Geschichte des Königlich-Hannoverschen vierten Infanterie-Regiments

ISBN/EAN: 9783743391864

Hergestellt in Europa, USA, Kanada, Australien, Japan

Cover: Foto ©ninafisch / pixelio.de

Weitere Bücher finden Sie auf **www.hansebooks.com**

Geschichte

des

Königlich - Hannoverschen

vierten Infanterie - Regiments

und

feiner Stammkörper,

von

der erften Errichtung der Letzteren bis zum Jahre 1848, unter
vorzüglicher Berückfichtigung der Feldzüge von 1813, 1814, 1815
und des Schleswig=Holfteinfchen Feldzuges von 1848.

Vom

Hauptmann B. Hülfemann.

Hannover, 1863.

Helwing'fche Hofbuchhandlung.

(Theaterplatz 3, Ecke der Sophienftraße.)

C. F. Kius'sche Buchdruckerei in Hannover.

Dem Regimente und seinen Veteranen

gewidmet!

Vorwort.

Auf den Wunsch für mich maßgebender Personen übergebe ich diese kleine Arbeit als einen geringen Beitrag zur vaterländischen Kriegsgeschichte der Oeffentlichkeit. In warmer Anhänglichkeit an das Regiment, dessen Namen sie trägt, und welchem der Verfasser seit einer Reihe von Jahren angehört, geschrieben und zunächst nur für dieses bestimmt, hatte sie keinen andern Zweck, als die Erinnerung an die ruhmvollen Thaten, so viel es jetzt noch möglich war, festzuhalten, welche in kriegerischen, zum Theil großartig bewegten Zeiten vom Regimente und den Einzelnen, die darin dienten, verrichtet wurden. Diese Erinnerung an die Leistungen unserer Vorfahren im Regimente möge uns jüngeren Generationen beistehen, dem zum Jubiläumsfeste dem Regimente von hochverehrter Seite ausgesprochenen Wunsche: „daß das 4. Infanterie-Regiment, wenn wiederum der Kriegsruf für König und Vaterland ertönen sollte, dann den alten ·Ehren neue ruhmwürdige Thaten hinzufüge!" Erfüllung zu geben.

Daß funfzig Jahre nach Errichtung des Regiments sich keine andere fähigere Feder gefunden hat, dessen Geschichte zu schreiben, mag die Mängel entschuldigen, welche dieser Arbeit ankleben.

Der Verfasser.

Inhalts = Verzeichniß.

I. Die ersten Formationen von 1813 bis 1820.

A. Das leichte Bataillon Lüneburg.

1. Von der Errichtung des Bataillons bis zum Waffenstillstande, 4. Juni 1813.

Von den Hunderttausenden, welche Napoleon im Sommer 1812 siegesstolz nach Rußland geführt hatte, kehrten am Schlusse des Jahres nur elende Trümmer über die deutsche Grenze zurück. Ohne Rast und Ruh' zogen diese Wenigen weiter und weiter rückwärts, nicht hinter der Weichsel, nicht diesseits des Oderstroms sich sicher wähnend vor den Verfolgern. Erst hinter der Mittel-Elbe, wohin alle irgend verfügbaren Streitkräfte zusammengezogen wurden, wagten sie Halt zu machen; nicht eher denn hinter den festen Wällen Magdeburgs dachte der Vicekönig von Italien an Widerstand.

Langsam folgten ihnen die russischen Heere, durch politische Verhältnisse — da Preußen zögerte! — und durch die eigene Erschöpfung im Vorrücken gehindert. Diesen voran zogen deren fähigste und ausgezeichnetste Parteigänger, mit ihren Schaaren den Feind ängstigend und in weiteren Kreisen den gährenden Geist des Volks zum Aufstand entzündend. Denn, wie aus dem Tode das Leben, so erhob sich für Deutschlands Länder aus der gräßlichen, unerhörten Vernichtung, welche die Heere des Imperators vertilgte, erst einzeln aufleuchtend, bald zu gewaltigem Brande emporlodernd, der lebendige Geist der Freiheit vom Joche des Ausländers, des

1

Die Folge dieses Aufrufs war eine allgemeine Volksbewegung.

Zugleich ordnete v. Tettenborn die Bildung von Regierungs=
commissionen in den vom Feinde befreiten ehemaligen churhanno=
verschen Landestheilen und Wiedereinsetzung der alten Behörden und
Obrigkeiten an, und forderte am 21. März von den neuen Pro=
vinzial=Regierungen die Mittel zur Errichtung von Cavallerie= und
Infanterie=Abtheilungen, zu deren Organisirung er Officiere be=
stimmen und für deren Bewaffnung er sorgen werde.

Für die Organisirung der in der Provinz Lüneburg zu bilden=
den Truppen hatte er bereits den in Barnstedt im Lüneburgschen
lebenden Oberstlieutenant v. Estorff,[1] gewonnen und ihn zu deren
Chef bestimmt. Dieser stellt sich noch am 21. März dem Lüneburger
Magistrat als Werbeofficier vor, sich zur Annahme Freiwilliger
bereit erklärend, und erläßt darauf am 24. von Lüneburg aus fol=
gende Bekanntmachung:

„Von dem Russisch=Kaiserlichen Commandanten eines Corps
der Armen des Grafen v. Wittgenstein, Herrn Oberst Baron v. Tet=
tenborn, welcher unsern Provinzen am linken Ufer der Elbe zuerst
Freiheit und Heil wiederbrachte, zur Errichtung eines Regiments
Husaren und eines Regiments Jäger zu Fuß für englische Rech=
nung und englischen Sold beauftragt, eile ich, meinen braven und
geliebten Landsleuten diese frohe Botschaft bekannt zu machen, die
uns die schleunigste und unter göttlichem Beistande dauerndste Wieder=

---

[1] Oberstlieutenant Albrecht v. Estorff trat 1776 als Cornet bei dem 9. Ca=
vallerieregimente in churhannoverschen Dienst, 1781 Premierlieutenant, 1787 Ritt=
meister, 1798 Major, wurde 1804 als Oberstlieutenant im 3. Husarenregimente
der K. Deutschen Legion angestellt, schied wegen angedrohter Confiscation seiner
Güter am 20. Juni 1807 aus demselben aus und lebte auf seinem Gute bei
Uelzen, 1813 Commandeur des Lüneburgschen (v. Estorff'schen) Husarenregiments,
1814 Inspecteur von sechs im Lüneburgschen 2c. errichteten Landwehrbataillonen, dann
Oberst und Brigadecommandeur, 1815 Commandeur des Guelphenordens, 1816
Generalmajor und Chef des 4. Husarenregiments, trat 1831 mit dem Character
von Generallieutenant in Pension; gest. auf Gut Veerßen am 19. März 1840.

vereinigung mit unserm theuersten Monarchen und geliebtem Vaterlande verspricht. Die junge waffenfähige Mannschaft nicht allein,
sondern auch die schon versuchten Braven, welche die Waffen wider
Willen abzulegen ein unerbittliches Verhängniß zwang, und die
durch den Forst- und Jagddienst im Gebrauch des Gewehrs vorzüglich Geübten rufe ich auf, im Namen des Vaterlandes herzueilen
und werth zu werden der Freiheit, die uns Gottes und Alexanders
Schutz und Hülfe bereitet. Das Verdienst, sich selbst ganz oder zum
Theil ausgerüstet zu stellen, wird von dem dankbaren Vaterlande
nicht unerkannt bleiben, obgleich sonstige vorzügliche Eigenschaften
ihrer Anerkennung und Belohnung eben so gewiß sein können, und
Waffen und Mondirung denen gegeben werden sollen, welche sie
bedürfen. Die Einzeichnung zum Dienst geschieht von Morgens 9
bis 12, und Nachmittags von 2 bis 5 Uhr im Flügel des Schloß-
gebäudes, woselbst auch die Musteranzüge ausgestellt werden sollen.
Bedarf es noch eines weitern Zurufs? Auf! für Freiheit, Vaterland
und König!   A. v. Estorff, Königl. Großbrit. Oberstlieut.„

An dem auf den Aufruf v. Estorffs folgenden Tage, dem
25. März 1813, ließen sich die ersten Leute für das Lüneburgsche
Jäger-Regiment[1] anwerben, und dieser Tag wird demnach als das
Errichtungs-Datum desselben, oder da aus ihm nach verschiedenen
Umformungen das 4. Infanterie-Regiment hervorgegangen ist, des
Letzteren anzusehen sein.

Das Vorrücken der Franzosen zwang schon in den nächsten
Tagen die sich bildenden Anfänge der neuen Truppen-Abtheilungen
Lüneburg zu verlassen und auf das rechte Ufer der Elbe hin-
überzugehen. Oberstlieutenant v. Estorff schlug am 4. April sein

[1] Durch Corps-Ordre des Oberstlieutenants v. Estorff vom 12. April 1813
wird der Infanterie der Lüneburgschen Legion der Name: „Lüneburgsches Jäger-
Corps unter Befehl des Herrn Oberstlieutenants v. Estorff“ beigelegt; in einer
General-Ordre (Wallmodens) vom 22. April wird dieselbe jedoch wieder als
„Lüneburgsches Infanterie-Jäger-Regiment“ bezeichnet.

Werbebureau in Hamburg, in der großen Reichenstraße Nr. 37, unter dem Motto auf: „Hier wirbt Georg Soldaten für seine deutschen Staaten." [1]

In diesen Tagen übernahm der Capitain August v. Klencke den Befehl über die für das Jäger=Regiment angeworbene Mann= schaft. Derselbe hatte bis zum 31. December 1811 als Capitain im 1. leichten Bataillon K. G. L. gedient und seitdem als Privat= mann im Vaterlande gelebt.

Am 13. April waren 102 Mann zusammen, welche nun in eine 1. und 2. Compagnie vorläufig unter den Hauptleuten Isenbart und v. Roden formirt wurden; am 22. April, bis zu welchem Tage die Werbung 291 Mann betrug, kamen die 3. und 4. Compagnie hinzu und es wurden darnach die Compagnien in folgender Weise vertheilt: 1. Compagnie Major v. Bennigsen [2] à la suite,

---

[1] Der von hier erlassene Aufruf lautete:

„Ich eile, meinen braven und geliebten Landsleuten, welche von Patriotismus beseelt sind, ihr Vaterland von dem französischen Joche zu befreien, bekannt zu machen, daß ich zu diesem Allerhöchsten Orts genehmigten Zwecke, ein Regiment Husaren und ein Regiment Jäger zu Fuß errichte, wovon der Sammelplatz jetzt Hamburg ist. — Ich fordere daher alle waffenfähige junge Mannschaft und be= sonders die des Fürstenthums Lüneburg und der umliegenden Gegend auf, sich bei den gegenwärtigen Umständen und sehr vortheilhaften Bedingungen hier ein= zufinden und sich in dem Werbehause des Lüneburgschen Husaren= und Jäger= Regiments, in der großen Reichenstraße Nr. 37, unter dem Motto:

Hier wirbt Georg Soldaten
Für seine deutschen Staaten

zu melden und einschreiben zu lassen. Die Einschreibung zum Dienst geschieht des Morgens von 8 bis 12 und Nachmittags von 2 bis 6 Uhr.

A. v. Estorff, K. Großbrit. Oberstlieut."

[2] August Christian Ernst, geb. 1765 zu Allendorf im Hessischen, erst in hessischem, dann in preußischem Dienst, erhält wegen Auszeichnung bei der Belage= rung von Mainz den Orden pour le mérite, verläßt 1807 den Dienst als Major. Im April im Bataillon Lüneburg angestellt, tritt er gegen Ende des Monats wieder aus, um die Errichtung des nach ihm genannten Bataillons zu übernehmen, 1815 Brigadier, bei Ostende ertrunken.

2. Capitain v. Langrehr, 3. Capitain Isenbart, [1]) 4. Capitain v. Roden. An demselben Tage wurde durch General-Ordre auch der Capitain v. Klencke zum Major und Commandeur des Regiments ernannt. [2])

Die Vertheilung der Officiere bei den Compagnien blieb indeß eine durchaus provisorische; auch die am 4. Mai durch den an demselben Tage zum Oberstlieutenant ernannten Commmandeur des Bataillons vorgenommene Ansetzung, welche eine definitive sein sollte, wurde bereits am 30. Mai wieder wesentlich geändert. [3])

Ungefähr gleichzeitig mit der Errichtung des Husaren- und des Jäger-Regiments Lüneburg war mit der des Bataillons Lauenburg — durch den Major v. Berger in Folge Aufrufs der Lauenburgschen Regierung vom 21. März —, des Kielmansegge'schen Jäger-Corps, sowie einige Tage später mit der der Bremen- und Verdenschen Legion (eines Husaren- und eines Jäger-Regiments) der Anfang gemacht.

Diese Corps und nächst ihnen das ursprünglich für die russisch-deutsche Legion angeworbene Bataillon v. Bennigsen, und das in

---

[1]) Verläßt den Dienst schon wieder vor dem 4. Mai 1813. Ueber 40 Jahr alt; früher in churhannoverschem Militair.

[2]) Doch blieb der Oberstlieutenant v. Estorff bis in den Sommer „Chef der Lüneburgschen Legion" und inspicirte deren Infanterie von Zeit zu Zeit. Im Uebrigen war sein dienstliches Verhältniß zu der Letzteren mehr ein nominelles. Im Juni des Jahrs wurde er aufgefordert, sich zu erklären, ob er das Commando der Infanterie oder der Cavallerie beizubehalten wünsche. Als alter Cavallerist wählte er natürlich das Letztere.

[3]) Vertheilung vom 30. Mai: Stab: Oberstlieutenant v. Klencke, Adjudant Lieutenant Richard, Regiments-Quartiermeister Kuckuck, Regiments-Chirurgus Wolff. 1. Compagnie: Capitain Holtzermann, K. G. L., Lieutenants v. Winterfeld, Stegmann, Fähnrich Selig. 2. Compagnie: Capitain v. Schlopp, Lieutenants Jacobi, Reinbold, Fähnrich Scheller. 3. Compagnie: Lieutenants Rall, Nolte, Brandt. 4. Compagnie: Capitain v. Roden, Lieutenants Korfes, Mevius, Fähnrich Koch. Der Major v. Langrehr commandirte den Depot in Güstrow; alle übrigen Officiere thaten Dienst beim Depot.

Berlin gebildete und im Mai in die englisch-hannoverschen Dienst-
verhältnisse übertretende Bataillon v. Roehl waren die ersten und
ältesten hannoverschen Formationen des Jahrs 1813.

Der Landsturm, der sich daneben in mehreren Provinzen, u. A.
im Lüneburgschen und im Bremischen zu bilden versuchte, brachte
es nicht zu einer eigentlich militairischen Organisation.

Ehe nun in der Darstellung der allmählichen Entwickelung des
Lüneburgschen Jäger-Regiments fortgefahren wird, erscheint es nothwendig, einen Blick auf die vorangegangenen und gleichzeitigen
Ereignisse zu werfen, welche von erheblicher Einwirkung auf jene
waren.

Die französischen Generale St. Cyr und Morand, vor den
russischen Parteigängern weichend, hatten sich auf Vandamme, welcher
das Gebiet zwischen Elbe und Weser besetzt hielt, zurückgezogen und
sich in Bremen vereinigt. Am 24. März gingen sie von hier wieder
zum Angriff vor, jener die Weser hinab, Morand mit 3000 Mann
und 10 Geschützen auf Tostedt, von wo er Stade, Harburg und
Lüneburg zugleich bedrohte. Ihm gingen nebst einigen Kosacken
am 30. der Lüneburgsche Landsturm, welcher sich bei Harburg gesammelt hatte (nachdem eine Abtheilung davon am 28. bei Lüneburg
gegen feindliche, von Uelzen her vordringende Reiterei ein glückliches
Gefecht bestanden hatte), entgegen, sie vermochten jedoch einem ernsten
Angriff der Masse regelmäßiger Truppen nicht zu widerstehen; der
Landsturm wurde gesprengt und verlief sich nach allen Seiten; die
Kosacken zogen ab.

Am 1. April zog Morand ohne Widerstand in Lüneburg ein
und drohte für den Aufstand blutige Rache zu nehmen; zwei Bürger
wurden sofort erschossen, dreißig eingezogen und einem Kriegsgericht
übergeben. Doch die Generale Czernitscheff und Dörnberg und
Oberst Benkendorff rückten, mit ihren Streitkräften die Elbe über-
schreitend, zur Rettung der Stadt in Eilmärschen herbei, überfielen
am 2. April mit 2500 Mann, darunter das preußische Füsilier-

bataillon v. Borcke, ein schwaches russisches Bataillon und 4 Geschütze russischer Artillerie, sonst nur leichte Reiterei, den sich hinter Wall und Graben in Sicherheit wähnenden stärkeren Feind, drangen, von dem Oberforstamts-Auditor Ernst v. Meding [1]) und dem vormaligen Lieutenant v. Langrehr, unter dessen Commando auch die ersten an= geworbenen Jäger des Lüneburgschen Regiments an dem Kampfe Theil nahmen, geführt, in mehrere Thore zugleich ein und nahmen — eine glänzende Waffenthat! — das ganze Morand'sche Corps, dessen Führer tödtlich verwundet ward, gefangen.

Leider mußte Lüneburg schon am folgenden Tage der Division Montbrun, Vorhut des heranrückenden Davoust'schen Corps, gegen deren Ueberlegenheit jeder Widerstand fruchtlos gewesen wäre, wieder überlassen werden. Die russischen Generale gingen hinter die Elbe zurück und nahmen Stellung bei Dömitz und Boitzenburg.

Noch einmal zog der Feind wieder von Lüneburg ab, noch einmal wurde es von befreundeten Truppen besetzt, bis am 27. April bei dem Vordringen Davoust's mit seiner ganzen Macht gegen die Elbe, Sebastiani dort einzog und die Franzosen nun für längere Zeit im Besitze der Stadt blieben.

Während, wie erzählt worden, mit den Truppenbildungen im Hannoverschen aus eigener Bewegung des Volks unter Leitung Einzelner bereits der Anfang gemacht war, erging im April aus London an die provisorischen Regierungen der befreiten churhanno= verschen Landestheile, die Weisung, eine hannoversche der englisch= deutschen ähnliche Legion zu errichten. Um den neuen Truppen= körpern einen Stamm ausgebildeter und im Feldleben erfahrener Krieger zu geben und dadurch ihre Organisirung und Ausbildung nach englischen Mustern zu erleichtern und zu fördern, waren der englisch=deutschen Legion Officiere, Unterofficiere und Leute entnommen

---

[1]) Trat in den nächsten Tagen in's Feldjäger=Corps ein, im September 1813 Capitain in demselben, gestorben als Forstmeister zu Borstel bei Winsen a. d. Luhe 1837.

und nach Norddeutschland unterwegs, ferner waren große Trans=
porte von Bewaffnungs= und Bekleidungs=Gegenständen von Eng=
land abgesandt und gleichfalls die Hersendung eines Husaren=Regi=
ments zugesagt.

Mit der Aufstellung dieser Truppen verband die Regierung die
Absicht, aus ihnen und der vorzugsweise aus Kriegsgefangenen
errichteten, gleichfalls in englischem Solde stehenden russisch=deutschen
Legion das Corps zu bilden, welches dem mit dem Kronprinzen von
Schweden geschlossenen Vertrage gemäß unter dessen Befehle in
Norddeutschland zu stellen war. Es erschien zweckmäßig und nöthig,
ihnen einen größeren Kern alter Truppen beizugeben, und man
bestimmte dazu die Streifcorps, welche, nachdem sie bisher als Par=
teigänger thätig in die Operationen eingegriffen, jetzt einem durch
Ströme und Festungen gedeckten Feinde gegenüber nicht mehr mit
Nutzen in derselben Weise zu verwenden waren.

Den mit großen Schwierigkeiten verknüpften Oberbefehl über
diese verschiedenartigen Truppenkörper übertrugen England und
Rußland Ende März gemeinschaftlich dem aus österreichischen in
britische Dienste übergetretenen Generallieutenant Grafen Wallmoden=
Gimborn[1]), einem Manne, dessen große Tüchtigkeit der ihm gestellten
Aufgabe glänzend entsprach. Als dieser am 17. April in Hamburg
eintraf und das Commando übernahm, hatte er an ausgebildeten
Truppen nur 6600 Mann unter seinem Befehl, davon zwei Drittel
Cavallerie, — größtentheils russische — etwas preußische und meck=
lenburgische Infanterie und einige preußische Geschütze; sie standen
auf weiter Strecke vertheilt, theils bei Uelzen mit Vortruppen gegen

---

[1]) Ludwig Graf von Wallmoden, Sohn des hannoverschen Feldmarschalls,
wurde 1769 zu Wien, wo sein Vater Gesandter war, geboren, trat früh in das
hannoversche Leibgarderegiment, 1790 in preußische, als Preußen 1795 den
Baseler Frieden schloß, in österreichische und 1813 als Generallieutenant in
britische Dienste, ging 1815 nach Oesterreich zurück und ist vor wenigen Jahren
in hohem Alter als General der Cavallerie gestorben.

die Aufstellung Davousts an der Aller, theils gegen die Weser, theils in Hamburg. Noch nicht zum Dienst geeignet waren die neuen Formationen der Hannoveraner, Mecklenburger, Hanseaten und Dessauer und konnten auch nicht vor Ablauf mehrerer Wochen als geschlossene Abtheilungen gegen den Feind gebraucht werden.

Mit solch geringer Macht war der General dem mit weit überlegenen Kräften vorrückenden Feinde gegenüber ganz auf die Defensive beschränkt; mit Leichtigkeit drückte dieser alle ihm gegenüberstehenden Truppen auf das rechte Ufer der Elbe zurück und erschien am 29. April vor Harburg, welches von der schwachen, sich auf die Insel Wilhelmsburg zurückziehenden Besatzung verlassen wurde. Damit war das ganze linke Ufer der Elbe von Magdeburg bis Curhafen in der Gewalt der Franzosen.

Bis Ende Mai wurde noch die Vertheidigung der Inseln, welche zwischen Harburg und Hamburg liegen, fortgesetzt, woran sich von hannoverschen Truppen außer einem Detachement der englisch-deutschen Legion das hannoversche Jäger-Corps und die Bataillone Lauenburg und Bremen-Verden betheiligten; das Bataillon Lüneburg konnte, da es noch nicht mit Waffen versehen war, keinen Theil daran nehmen. Am 29. Mai mußte Tettenborn vor der feindlichen Uebermacht Hamburg räumen; sofort wurde die reiche Metropole Norddeutschlands von Davousts Truppen besetzt. Graf Wallmoden vereinigte nun alle seine Truppen, auch die neu gebildeten, bei Lauenburg; über die Vorposten, welche bei Bergedorf ausgestellt wurden, übernahm General Tettenborn den Befehl.

Weiteren Feindseligkeiten zwischen dem Wallmodenschen und dem Heertheile des Marschalls Davoust machte der am 4. Juni in Schlesien zwischen den verbündeten Herrschern und Napoleon bis zum 20. Juni abgeschlossene Waffenstillstand, welcher bis zum 15. August verlängert wurde, vorläufig ein Ende.

2. Der Waffenstillstand. Fortschreiten der Organisation.

Waren die Verbündeten zur Eingehung des Waffenstillstandes neben allgemeinen politischen Rücksichten vorzugsweise durch die Nothwendigkeit bewogen, Zeit gewinnen zu müssen, um die großen Massen neuer Aushebungen heranzuziehen, militairisch zu gliedern und soweit einzuüben, daß sie gegen den Feind brauchbar waren, so wurde auch bei den neugebildeten hannoverschen Truppen die Zeit desselben wesentlich dem gleichen Zweck der weiteren Organisation und Ausbildung gewidmet.

Die Formation des Bataillons bis auf 6 Compagnien wurde im Allgemeinen vollendet; zu den im April errichteten vier Compagnien stießen am 18. Juni die am Tage zuvor in dem Depot zu Güstrow gebildete 5. und 6. Compagnie hinzu. Von den Officierstellen[1]) waren die meisten besetzt. Unter dem Commandeur Oberstlieutenant von Klencke diente als Major in dem Bataillon der bereits bei der Befreiung Lüneburgs erwähnte frühere Lieutenant und Adjutant im 2. Linien-Bataillon der Legion von Langrehr; er trat jedoch schon am 11. Juli, an welchem Tage er zum Commandeur des Bataillons von Roehl (nach ihm von Langrehr genannt) bestimmt wurde, aus dem Bataillone aus. Von den außerdem eingetretenen gedienten Officieren gingen der Major von Bennigsen, die Capitains Isenbart, Hamelberg[2]), de Baur[3]), die Lieute-

---

[1]) Anciennetäts-Liste vom 25. Juni 1813: Oberstlieutenant v. Klencke, Major von Langrehr, Capitains v. Schlopp, v. Roden, Lieutenants v. Bobarth, Korfes, Rall, v. Winterfeld, Gall, Nolte, Freese, Jacobi, Stegmann, Borries, Reinbold, Meves, Brandt, Creydt, Horstmannn, Fähnrichs Hansing, v. Plato, v. Duve, Selig, Ritter, Volger, Koch, Möller, Steinmüller. — Adjutant Lieutenant Richard, Regiments-Quartiermeister Kuckuck, Regiments-Chirurg Wolff, Aide-Chirurgen Bauermeister, Lathner, Schmeißer.

[2]) Heimath nicht zu ermitteln gewesen. Ende April oder Anfang Mai eingetreten, verließ er den Dienst schon vor dem 23. Mai wieder. Ist wenig bekannt geworden.

[3]) Wird nur einmal (4. Mai) in den Listen erwähnt. Trat in das Bremen-

nants von Winterfeld und Gall schon in nächster Zeit wieder fort. Es blieben dem Bataillon an gedienten und dienſterfahrenen Officieren die Capitains v. Schkopp und v. Roden und die Lieutenants von Bobarth, Rall und Korfes[1]). v. Schkopp hatte im Corps des Herzogs von Braunſchweig, v. Roden und v. Bobarth hatten in der churhannoverſchen Armee, v. Roden auch kurze Zeit in der K. G. Legion, Rall in der churheſſiſchen, Korfes in der weſtphäliſchen Armee gedient.

Im Herbſte des Jahrs wurden noch der Major v. Obernitz, früher in ſächſiſchen Dienſten, und der Capit. v. Dachenhauſen, früher Capitain im 7. Linien=Bataillon der Legion, im Bataillon angeſtellt.

Alle übrigen Officiere hatten noch nicht oder nur kurze Zeit gedient, die älteren von dieſen waren bereits in feſten Berufs= und Lebensſtellungen geweſen und hatten dieſen entſagt, um der Sache des Vaterlandes zu dienen, davon traten einige mit der Rückkehr friedlicher Verhältniſſe wieder in ihre frühere Laufbahn zurück, andere, bei denen ſich der innere Beruf für das Kriegshandwerk im Feldleben mit Entſchiedenheit geltend machte, blieben ihrer neuen Wahl für ihre Lebensdauer treu. Auch von den jüngeren aus verſchiedenen Kreiſen der gebildeten Stände hervorgegangenen Officieren widmeten ſich ſpäterhin viele einer bürgerlichen Laufbahn, als mit dem Eintritt der Reductionen die Ausſicht auf militairiſches Fortkommen ſchwand. So hinderlich auch der Mangel an gedienten, zur Einübung der jungen Mannſchaft in den Waffen brauchbaren Officieren und Unterofficieren und ſo gering für den erſten Augenblick der Gewinn durch die in die unteren Stellen eintretenden jungen Leute ſein mochte, ſo verſchiedenartig die Elemente überhaupt waren,

---

und Verdenſche Bataillon über und fiel als beſſen Commandeur in dem Treffen bei der Göhrde.

[1]) Die Lieutenants Meves und Freeſe würden hier allenfalls noch aufzuführen ſein, da ſie erſt im Spätherbſt ausſchieden, doch ſind ſie faſt immer dem Depot zugetheilt geweſen.

aus denen das Officier-Corps sich zusammensetzte, die daraus
erwachsenden Schwierigkeiten wurden doch rasch und kräftig über-
wunden. Kriegerische Gewöhnung und Dienstroutine, wie sie die
Stellung im Angesichte des Feindes gab und auch die Jüngeren
gleich zu Anfang ihrer Laufbahn in ernster kriegerischer Schule sich
erwarben, das gemeinschaftliche Ertragen der reichlich zugemessenen
Beschwerden und Entbehrungen des Feldlebens, in Verbindung mit
der gehobenen allgemeinen Stimmung der Zeit[1]) gaben dem Corps
rasch einen kräftigen inneren Zusammenhalt und, nachdem die

---

[1]) Diese noch mehr zu fördern, wurde den Truppen Mittheilung von den
eingehenden Siegesnachrichten von anderen Kriegsschauplätzen gemacht. So schrieb
General Graf Kielmansegge von Güstrow unterm 17. Juli an das Bataillon:
„Eine mir auf Befehl des englischen Generals Sir Charles Stewart von dem
Herrn General Lyon aus Stralsund mitgetheilte officielle Nachricht von einem
von der englisch-alliirten Armee unter Commando des Generals Wellington über
die französische Armee erfochtenen Siege beeile ich mich den Truppen sofort
bekannt zu machen. — Die Schlacht ist unweit Vittoria nahe an der französischen
Grenze geliefert; die französische Armee, unter dem Commando von Joseph
Bonaparte und des Marschalls Jourdan unter ihm, ist aus allen ihren Posi-
tionen getrieben, hat 151 Kanonen, 415 Munitions-Wagen, alle Bagage, Pro-
viant, Vieh, Schätze rc. und eine beträchtliche Anzahl von Gefangenen verloren.
Dem 100. französischen Regimente sind die Fahnen, dem Marschall Jourdan ist
der Marschallstab genommen.

Nach neueren Nachrichten sind die Pässe nach Frankreich von den englischen
Armeen bereits besetzt.

Auch der Theil der deutschen Legion, welcher dabei zur Action gekommen,
und zwar die leichte Brigade unter den Befehlen des Obersten Halkett hat sich
wieder ausgezeichnet.

Ich theile den Truppen die Nachricht dieses glänzenden Sieges, der in den
Annalen der Geschichte wenige Beispiele eines ähnlichen hat, um so lieber mit,
da ich überzeugt bin, daß es ihnen eine desto größere Aufmunterung sein wird,
dem glänzenden Beispiele ihrer Brüder und Waffengefährten in der Teutschen
Legion zu folgen und auch ihrerseits ihrem Könige und des Prinzen Regenten
Königlicher Hoheit, ihrem rechtmäßigen Landesherrn, thätige Beweise ihres Muthes
und ihrer Tapferkeit, wozu es Vielen unter ihnen nur noch an Gelegenheit gefehlt
hat, so wie ihrer Anhänglichkeit an den Landesherrn und an ihr Vaterland
zu geben.

General Lord Wellington ist zum Marschall ernannt. Kielmansegge."

wenigen unreinen Elemente bald ausgeschieden waren, große Brauch-
barkeit und Tüchtigkeit. Es ist dies eine Thatsache, welche mit
Sicherheit aus den Leistungen des Bataillons sowohl, wie zum
Oefteren auch aus dem diese Leistungen anerkennenden Inhalte der
Tagesbefehle zu entnehmen ist.

Die Werbung der Mannschaft (am 7. Juni 505 Unterofficiere
und Leute, außer 37 Officieren) würde einen ungleich rascheren
Fortgang gehabt haben, wenn nicht in der Zeit, als man sich durch
die eintreffende englische Unterstützung eine wesentliche Förderung
derselben versprechen durfte, das ganze Lüneburgsche wieder unter
die Gewalt der Franzosen gekommen und dadurch der Zufluß aus
der Provinz, auf welche die Werbung ursprünglich berechnet und
angewiesen war, gehemmt gewesen wäre. Der volle Etat eines
Bataillons, welcher zu 8 Compagnien à 120 Soldaten (incl.
10 Schützen) normirt war und mit Officieren und Unterofficieren
1137 Mann betragen sollte, ist übrigens weder vom leichten Bataillon Lüneburg, noch auch wohl von einem anderen Bataillone
zu irgend einer Zeit erreicht worden.

Eine weitere Folge des Umstandes, daß die Werbungen auf
dem rechten Ufer der Elbe vor sich gehen mußten, war, daß man
um die Rahmen zu füllen sich genöthigt sah, neben den hannoverschen Landeskindern eine große Anzahl von Ausländern anzunehmen.
Die Liste vom 27. Juni 1813 ¹) weist neben 267 Hannoveranern
346 Ausländer, im Ganzen 16 Nationalitäten, die meisten freilich deutscher Zunge, doch auch Dänen, Polen, Schweden, Holländer u. s. w.
auf. Als für die hannoverschen Truppen (13. Aug. 1813) ein General-Depot errichtet und dieses im Herbst 1813 in das hannoversche

---

¹) Darnach bestand das „Bataillon Lüneburgsche leichte Infanterie" aus
folgenden Landsleuten: Hannoveraner 267, Engländer 3, Preußen 46, Mecklenburger 9, Oesterreicher 15, Elsasser 10, Sachsen 26, Schweizer 2, Hessen 28,
Berg- und Clevische 6, Holländer 46, Dänen 86, Schweden 9, Polen 2, Ham-
burger, Bremer, Lübecker 57, Mulatten 1. Total 613.

Land — erst nach Lüchow, dann nach Hildesheim — verlegt wurde, kamen in natürlicher Folge davon vorzugsweise Landeskinder zur Einstellung und bei späteren Gelegenheiten wurde grundsätzlich auf das Ausscheiden der Ausländer, namentlich der schlechten Subjecte darunter, hingewirkt.

Eine schwierige Aufgabe war es ohne Zweifel bei einem Officier-Corps, welches in seinem größeren Theile sich selbst erst noch militairisch gewöhnen mußte, bei dem Mangel eines Unterofficier-Corps, welches erst nach und nach aus der Mannschaft hervorgehen konnte, bei einer aus so vielen Nationalitäten zusammengesetzten Mannschaft, unter denen, wie mit Sicherheit anzunehmen ist, viele in den Napoleonischen Kriegen und in abenteuerlichen Lebensläufen verwilderte Naturen waren — unter so schwierigen Verhältnissen Zucht und Disciplin in das Bataillon hineinzubringen und darin zu erhalten. Um so größere Anerkennung verdient es, daß das Bataillon von Anfang an in allen kriegerischen Lagen seine Schuldigkeit gethan hat, um so höher ist das Verdienst derer anzuschlagen, denen es zu verdanken war, daß jene soldatischen Tugenden dennoch Eingang fanden und festen Boden gewannen, daß der Ruf des Bataillons, wie anerkennende Worte der Vorgesetzten wiederholt es bezeugen, von Anfang an in aller Beziehung ein besonders guter war; um so höher anzuschlagen sind die Leistungen des Officier-Corps und des braven Commandeurs des Bataillons [1]).

Gegen Ablauf des Waffenstillstandes traten mehrfache Beförderungen im Officier-Corps ein, namentlich wurde die nothwendige

---

[1]) Von der Persönlichkeit dieses Mannes und von der Anhänglichkeit die er sich zu erwerben wußte, möge es ein Zeugniß sein, daß ein in allen kriegerischen Lagen und einer langen ehrenvollen Laufbahn erprobter hochgestellter Officier ihn, unter dessen Auspicien er den Krieg erlernt und den Dienst lieb gewonnen hatte, noch fast 40 Jahre nach seinem Tode in einem dem Verfasser vorliegenden Privatbriefe „den unvergeßlichen v. Klencke" nennt.

Besetzung der Compagnie-Chefstellen vorgenommen; es avancirten dadurch am 23. Juli zu Capitains die Lieutenants v. Bobarth, Korfes, Rall und Jacobi. In Folge dessen wurden die Officiere des Bataillons (auch für eine 7. Compagnie schon) in nachstehender Weise vertheilt: Commandeur: Oberstlieutenant v. Klencke, Major v. Langrehr; Adjutant: Lieutenant Richard; Regiments-Quartiermeister: Capitain Kuckuck. 1. Compagnie: Capitain Jacobi, Lieutenant Stegmann, Fähnrichs Selig und Steinmüller. 2. Compagnie: Capitain v. Schkopp, Lieutenant Reinbold, Fähnrichs Ritter und v. Dachenhausen. 3. Compagnie: Capitain Rall, Lieutenant Creytt, Fähnrichs Volger und v. Haupt. 4. Compagnie: Capitain Korfes, Lieutenants Borries und Collmann, Fähnrich Koch. 5. Compagnie: Capitain v. Roden, Lieutenant Nolte, Fähnrichs Hansing und v. Plato. 6. Compagnie: Capitain v. Bobarth, Lieutenant Brandt, Fähnrichs v. Duve und Meyer. 7. Compagnie: Lieutenants Freese, Meves und Horstmann, Fähnrich Schröder.

Die Officiere, Unterofficiere und Soldaten der englisch-deutschen Legion, welche im April von England abgesandt waren, erreichten am 29. dieses Monats Hamburg. Das Detachement stand unter den Befehlen des Generalmajors Sir James Lyon. Die Infanterie desselben bestand aus 350 Mann, welche dem 1. und 2. leichten und dem 1., 2. und 5. Linien-Bataillone entnommen waren; sie wurde von dem Oberstlieutenant Martin befehligt und zu 2 leichten und 2 Linien-Compagnien formirt, von denen die 1. leichte Compagnie unter dem Capitain Holtzermann dem Bataillon Lüneburg zugetheilt wurde. Auch waren eine Abtheilung vom 1. Husaren-Regimente und 6 Geschütze mit 40 Artilleristen (Capitain Wierieg) beim Detachement. Am 15. Mai wurde eine zweite Abtheilung der Legion nach Norddeutschland entsandt; sie bestand aus 14 Officieren, 10 Unterofficieren und 60 Mann unter dem Oberstlieutenant Hugh Halkett und einer Dragoner-Abtheilung und landete am 20. Juni in Wismar. Von

dieser wurde unter Anderen der Capitain Macglashan ¹) beim Ba=
taillon angestellt, derselbe wurde jedoch sogleich zum Dienst auf den
Stab commandirt und hat nie Dienst beim Bataillon gethan. Am
5. August übernahm Generalmajor Lyon das Commando der han=
noverschen Truppen, unter ihm Oberstlieutenant Martin das der
leichten, Oberstlieutenant Halkett das der Linien=Infanterie=Brigade.
Dem Capitain Holtzermann wurde der Befehl über die ganze der
englisch=deutschen Legion entnommene Infanterie=Abtheilung über=
tragen.

Nachdem das Bataillon am 27. April Hamburg verlassen, hatte
es im Lauenburgschen und im Mecklenburgschen in verschiedenen
Cantonnements gelegen, und erhielt dann während des Waffenstill=
standes vom 13. Juni bis 29. Juli das Städtchen Plau am gleich=
namigen See als Garnison angewiesen. ²)

Die Ausbildung der Mannschaft im Exercieren und im Scheiben=
schießen wurde hier eifrig betrieben; die Ausrüstung und Bewaff=
nung ³) aus den großen englischen Depots (stores) in Ratzeburg

---

¹) James Macglashan aus Schottland diente vorher als Lieutenant im
2. leichten Bataillon der K. G. L., fungirte als Ober=Adjutant auf dem Brigade=
Stabe (des Oberstlieutenants H. Halkett), wurde am 10. October 1815 auf sein
Ansuchen entlassen, trat in englische Dienste zurück, tauschte als Compagnie=Chef
ins 1. Ceylon=Regiment und starb auf der Fahrt nach Ceylon am 2. De=
cember 1817.

²) Standorte rc. des Bataillons bis zum Ablauf des Waffenstillstandes: 4.—
26. April Hamburg, 27.—28. April Sams, Grabau, Groß=Pampau, Grove im
Amt Schwarzenbeck, 29. April bis 10. Mai Nuß und Umgegend, 11.—13. Mai
Colpern bei Ratzeburg, 14. Molzan, 15.—28. Schönberg, 29. Stintenburger
Hütten, 30. Mai bis 2. Juni Boitzenburg, 3.—4. Gresse, 5.—10. Bahlen,
11. Hagenow, 12. Parchim, 13. Juni bis 29. Juli Plau, 30. Parchim, 31. Lud=
wigslust; 1.—14. August Bolsrade.

³) Im Mai erst erhielt das Bataillon aus den Depots englische Gewehre;
bis dahin war es mit einer geringen Zahl solcher bewaffnet gewesen, welche am
2. April bei Lüneburg dem sächsischen Regiment Prinz Max abgenommen waren;
diese waren jedoch größtentheils schadhaft und unbrauchbar.

2

und den Ostseehäfen Wismar und Stralsund in reichlichstem Maße beschafft.

Um die gemachten Fortschritte zu prüfen, fanden verschiedene Besichtigungen durch den Kronprinzen von Schweden [1]), den General Stewart [2]), englischen Bevollmächtigten im Hauptquartiere des Kronprinzen, den Grafen Wallmoden, den General Lyon und andere Vorgesetzte statt. [3])

---

[1]) Das Resultat der vom Kronprinzen vorgenommenen Inspection finden wir in nachstehender General-Ordre d. d. Grabau, den 5. August 1813 niedergelegt: „Es ist von Sr. Königl. Hoheit dem Kronprinzen von Schweden über die Truppen, welche am 4. August vor ihm die Revue passirt haben, die Bemerkung gemacht, daß zwar die Commandeurs mit Eifer ihre Truppen geübt haben, daß aber dessenungeachtet dieselben einzeln noch nicht so ausgearbeitet wären, wie Soldaten, die im Felde dienen sollen, es sein müssen und es ihnen besonders an der Ruhe und Sicherheit fehle, die in Reih' und Gliedern so nothwendig sei."

„In Folge dieser Bemerkung sieht Se. Excellenz der Herr Generallieutenant Graf v. Wallmoden sich veranlaßt, die Herren Commandeurs der Regimenter und Bataillone zu ersuchen, ihre Truppen nicht so sehr im Manövriren (!!) als vielmehr der Dressur, den Schwenkungen und überhaupt in den ersten Grundsätzen zu üben, damit sie eine gute Haltung bekommen und es durch richtige Anweisung bald dahin gebracht werde, daß jeder einzelne Soldat weiß, was er im Gliede zu beobachten hat.   A. v. Berger, Oberstlt. u. Gener.-Adjud."

[2]) Am 21. Juli bei Goldberg, wohin das Bataillon von Plau in einem Tage marschirte. Der Parademarsch wurde am Tage vorher auf dem Revue-Platze in der Division auf das Sorgfältigste eingeübt.

[3]) Ueber die Verwendung der Truppen in Gefechten wurden vom commandirenden General am 26. September in einer Instruction allgemeine tactische Grundzüge festgestellt, welche interessant genug sind, um hier mitgetheilt zu werden. 1. Wenn die Infanterie in's Gefecht rückt und einer Division der Befehl zum Angriff ertheilt wird, so geschieht dieses allemal so, daß die Hälfte der Bataillone und bei ungleicher Zahl die größere Hälfte in das zweite Treffen gestellt wird; dieses wird 300 Schritte hinter dem ersten in geschlossenen Colonnen zurückgehalten und nur der ausdrückliche Befehl des commandirenden Generals muß von diesem Befehle eine Abweichung veranlassen. 2. Der Vormarsch gegen den Feind geschieht allemal in geschlossener Colonne, die sich, wenn gefeuert werden soll, auf 300 Schritte vom Feinde entwickelt; wenn aber mit dem Bajonnet angegriffen werden soll, in Massen bleibt und so auf den Feind losstürmt. 3. Jede Infanterie-Linie, welche

Wie die Ausrüstung der Truppen von England bestritten wurde, so standen diese auch in englischem Solde und trugen die englischen Feldzeichen, Letzteres schon aus dem Grunde, um Gefangene der Gefahr zu entziehen, als Rebellen behandelt zu werden. Der Controle wegen ließ die britische Regierung durch den dazu bestellten Special-Commissair, den bekannten Oberst Sir Hudson Lowe (welchem wegen seiner unbestechlichen Gewissenhaftigkeit und Pflichttreue später die Bewachung Napoleons auf St. Helena übertragen wurde), ökonomische Musterungen des Personalbestandes sowohl wie des Materials vornehmen, bei denen sehr genau zu Werke gegangen und detaillirte Nachweise verlangt wurden.

Die Infanterie-Abtheilungen, welche Anfangs die Bezeichnung von Regimentern geführt hatten, nahmen später die von „Bataillonen" an. Der Name des Bataillons wurde „leichtes Bataillon Lüneburg"; am 25. Januar 1814 erhielt es anderen Bataillonen analog den Namen seines Commandeurs „v. Klencke" und am

---

sich entwickelt oder in Massen vorrückt, um den Feind anzugreifen, läßt ihre Tirailleurs auf 200 Schritt vorgehen, welche nur zum dritten Theile in zerstreuter Ordnung aufgelöst werden; die anderen zwei Drittel halten sich in Trupps auf 100 Schritt Entfernung dahinter. 4. Die Tirailleur-Linie engagirt das Gefecht; sie bemüht sich dabei so viel Terrain vorwärts zu gewinnen als möglich, wenn ihr nicht bestimmt befohlen worden, stehen zu bleiben. Sie darf sich aber von ihrem Bataillon nicht weiter als 3 bis 400 Schritt entfernen und muß stehen bleiben, wenn das Bataillon ihr nicht folgt. 5. Der Augenblick, wo das Bataillon seine Tirailleurs einzieht, um selbst in das Gefecht zu rücken, bleibt dem Ermessen des Divisionsgenerals überlassen. 6. Nie müssen Truppen, wenn es irgend zu vermeiden ist, hinter eine unserer Batterien gestellt werden, wodurch sie in den Strich der Kugeln kommen, weil die feindliche Artillerie beim Anfang des Gefechts hauptsächlich nach unsern Batterien zielt. Selbst Truppen, die zu deren Deckung dienen, müssen seitwärts gestellt werden. — Die Colonnen sollen so viel als möglich bei der russisch-deutschen Legion aus einer Compagnie, bei der englisch-deutschen aus zwei Compagnien auf die mittlere formirt werden. — Es muß genau darauf gesehen werden, daß die Leute egal anschlagen, damit das zweite Glied nicht, wie in der letzten Affaire, in die Luft schießt.

5. April 1814 wieder die Bezeichnung: »1. Lüneburgsches Feld=
bataillon«.

Die Uniform bestand für Officiere und Leute ursprünglich aus
einem grünen Oberrock mit hellblauem Kragen und Aufschlägen,
welcher vorn zugehaft ward; dabei weite graue Beinkleider mit einem
hellblauen Streifen. Die Officiere trugen auf den Achseln eine dicke
silberne Raupe. Die von England gelieferten Tschakos waren die
gewöhnlichen der Infanterie, vorn mit einem gelben Bleche, auf
welchem sich ein doppeltes G. R. befand. In Rücksicht auf diese
Verzierung wurden sie während der Feldzüge stets mit dem Wachs=
tuch=Ueberzuge getragen. Die Uniform unterlag späterhin mehr=
fachen Aenderungen. Im Herbst 1813 legten die Officiere den
Dollmann des 2. leichten Bataillons der Königl. Deutschen Legion
an, dunkelgrün mit schwarzen seidenen Schnüren besetzt und drei
Reihen runder weißer Knöpfe; dabei halbweite graue Beinkleider
mit 2 hellgrünen Streifen. Diese Umänderung ging jedoch nur
allmählich von Statten, so daß bei einer Revue, welche unsers nach=
maligen Königs Ernst August Majestät als Herzog von Cumberland
am 29. October bei Dömitz abhielt, noch mehrere Officiere mit der
alten Uniform bekleidet waren. Den Dollmann behielten die Officiere
bis zum Jahre 1817.

Im Frühjahr 1814 erhielt das Bataillon vor den Tschakos
das Lüneburgsche weiße Pferd und darunter ein Band von gelbem
Metall mit der Inschrift: Nunquam retrorsum; dabei kurze
schwarze Fangschnüre und kleine grüne Federbüsche. Im Winter
181⁴/₅ in Antwerpen legten die Officiere eine Giberne mit silbernem
Bandolier an und ziemlich helle (kornblumen=) blaue Beinkleider
mit breitem silbernen Streife. Bei Paris 1815 erhielten sie die
Kopfbedeckung des 2. leichten Bataillons der Königlich=Deutschen
Legion: hoher abgestumpfter Kegel mit langen Fangschnüren.

So blieb die Uniform, bis 1817 die neue Uniform der leichten
und der Grenadier=Bataillone eingeführt ward. Die Officiere

erhielten lange grüne Röcke mit 2 Reihen silberner Knöpfe, auf den Schultern silberne Whings mit kurzen Crepinen; das Beinkleid ward hellblau, die Schärpe silbern mit gelb; kurze Säbel mit lederner Scheide.

Das Lederzeug der Mannschaft, anfänglich gelb, wurde schon 1813 schwarz gefärbt und blieb so bis zur Formation von 1820.

3. Der Feldzug im Mecklenburgischen und an der Nieder-Elbe vom 16. August bis 1. December 1813.

Gegen Ende des Waffenstillstandes wurde das Wallmoden'sche Corps durch eine schwedische Division (8000 Mann) verstärkt, und Graf Wallmoden erhielt durch den Kronprinzen von Schweden, den Commandirenden der Nordarmee, die Bestimmung, den rechten Flügel dieser bei Berlin sich sammelnden Armee zu decken; „er solle den Feind zwischen Elbe und Trave vernichten, oder wenigstens auf Hamburg, Lübeck und das Holsteinische zurückwerfen; würde er mit Uebermacht angegriffen, so solle die schwedische Division Schwedisch-Pommern decken, der General aber mit seinen übrigen Truppen sich auf die Nordarmee zurückziehen."

Das Armee-Corps des Grafen Wallmoden belief sich zu dieser Zeit auf 18,000 Mann Infanterie, 6400 Mann Cavallerie und zerfiel in 5 Divisionen:

Avantgarde: Generalmajor Tettenborn. 4 Kosacken-Regimenter, — 3 Bataillone Lützow'scher Infanterie, — Jäger-Bataillon Reiche, — 5 Schwadronen Lützow'scher Cavallerie, — 8 Geschütze Lützow'scher Artillerie.

1. oder Russisch-Deutsche Division. Generalmajor v. Arentschildt.

   1. Brigade: 3 Bataillone russisch-deutscher Legion.

   2.   "   3   "   "   "   "

2. oder Englisch-Deutsche Division. Generalmajor Lyon.

Leichte Brigade: Oberstlieutenant Martin. Bataillone Lüneburg, Bremen-Verden, Dessau.

Linien-Brigade: Oberstlieutenant Halkett. Detachement des Capitains Holzermannn (½ Bataillon), Bataillone v. Bennigsen, v. Langrehr, Lauenburg.

Jäger-Corps: 3 Compagnien, Oberst Graf Kielmansegge (2 Compagnien Kielmansegge'schen Jäger-Corps, 1 Jäger-Compagnie der russisch-deutschen Legion).

1 Fußbatterie: 6 Geschütze. Capitain Wiering.

Cavallerie-Division. Generalmajor v. Dörnberg.

Bremen-Verdensche Husaren (1 Schwadron), Lüneburger Husaren (3 Schwadronen), 3. Husaren-Regiment der englisch-deutschen Legion, 1. und 2. Husaren-Regiment der russisch-deutschen Legion.

1. und 2. reitende Batterie englisch-deutscher Legion (12 Geschütze), Major Brückmann.

1. und 2. reitende Batterie russisch-deutscher Legion (16 Geschütze), Oberstlieutenant Monhaupt.

½ englische Raketen-Batterie.

Schwedische Division. Generalmajor Vegesack.

Schwedische Brigade: Oberst v. Bergenstrohle. 6 Bataillone, 4 Schwadronen Carabiniers, 1 Fußbatterie von 6 Geschützen.

Mecklenburgische Brigade: Generalmajor v. Fallois. 4 Bataillone, 4 Schwadronen reitender Jäger, 2 Schwadronen preußischer Husaren, 1 Fußbatterie von 4 Geschützen.

Hanseatische Brigade: Oberst v. Wißleben. 2 Bataillone, 3 Schwadronen, 1 Fußbatterie von 4 Geschützen, 1 reitende Batterie von 4 Geschützen.

Im Ganzen 29 Bataillone, 40 Schwadronen, 60 Geschütze, 4 Kosacken-Regimenter. Der Obergeneral behielt, da die Schweden von vornherein getrennt blieben, die unmittelbare Verfügung nur über die 4 ersten Divisionen oder 16,000 Mann. Darunter befanden sich von hannoverschen und Legions=Truppen [1]:

die Bataillone Lüneburg, Bremen=Verden, Lauenburg, v. Bennigsen, v. Langrehr, das Detachement des Capitains Holzermann (4 Compagnien), die Kielmansegge'schen Jäger (2 Compagnien), die Husaren=Regimenter Lüneburg, Bremen und Verden, das

---

[1]) Bei Beginn des Feldzuges am 17. August war nach einer vom Oberstlieutenant und General=Quartiermeister v. Clausewitz unterzeichneten Liste die „englisch=deutsche Infanterie" vom Armee=Corps des Generallieutenants Grafen v. Wallmoden in folgender Weise dislocirt:

1 Batterie Artillerie, Capitain Wiering: Gr. Woolbhof, Zapel, Granzin Scharbow und Vietz. — 1 Bataillon Lüneburg, Oberstlieutenant v. Klencke: Lehsen, Kützin, Zühr, Korchow, Helm, Prebböhl, Kl. Woolbhof, Bobzin, Wölzow, Horst und Vortsahl. — 1 Bataillon Anhalt=Dessau, Major v. Krohne: Cammin, Schildfeld, Neufeld, Goldenbow, Marsow und Schwanhof. — 1 Bataillon Bremen und Verden, Major de Baur: Klobbram, Bellahn, Jesow, Schwechow, Prizier. — 1 Bataillon Lauenburg, Oberstlieutenant v. Berger: Warlitz, Goldenitz, Pätow, Grammütz, Meierei Jetzin, Schwaberow, Torbin, Redwin. — 1 Bataillon englisch=deutsche Legion, Major v. Bennigsen: Kuhlberf, Mooras, Kirch=Jesar, Alt= und Neu=Zachum, Hoort und Kraack. — 1 Bataillon englisch=deutsche Legion, Major v. Langrehr: Hülseburg, Gammelin, Mühlenbeck, Warsow, Radlubbe, Bandenitz und Backendorf. — 1 Detachement englisch=deutsche Legion, Capitain Holzermann: Wittenburg. — General=Quartier des Herrn Generalmajors Lyon zu Hagenau.

Am 23. Juli kamen für die englisch=hannoverschen Truppen nachstehende Ernennungen heraus: 1. General Count Kielmansegge, Inspector of all the Hanoverian levies and adviser to His Exc. Lieut. Gen. Wallmoden. 2. Colonel Berger to be Adjutant-General. 3. Capt. Olfermann and Capt. Haxthausen to be Deputy Adjutant-General. 4. Major Kentzinger to be Quarter Master General. 5. Capt. Kuntze and Capt. Schubert to be Deputy Quarter Master General. 6. Lieut. Colonel Kielmansegge, Capt. Heckert, Lieut. Hanbury; Aides de Camp to General Wallmoden. 7. Colonel Martin to command the light Brigade: Lüneburg Regiment, Bremen et Verden, Dessau. 8. Lieut. Colonel Halkett to command the Line Brigade: Lauenburg, Langrehr, Bennigsen Regiment. 9. Capt. Schaumann, Brigade Major to the light Brigade; Capt. Saffe, Brigade Major to the Line Brigade.

3. Husaren-Regiment der englisch-deutschen Legion und 2 reitende und 1 Fußbatterie der englisch-deutschen Artillerie.

Mit den Jägern des Obersten Graf Kielmansegge wurde die Jäger-Compagnie der russisch-deutschen Legion verbunden.

General Czernitscheff war mit seiner Division abcommandirt, dagegen war die Lützow'sche Freischaar dem Corps zugetheilt.

Das französische Armee-Corps, welches Marschall Davoust befehligte, war dem Corps des Grafen Wallmoden beinahe um das Doppelte überlegen; es war aus den französischen Divisionen der Generale Pecheur, Loison und Thiebault und dem dänischen Hülfs-Corps unter Prinz Friedrich von Hessen zusammengesetzt, und belief sich auf 40,000 Mann außer den Besatzungen von Hamburg und Lübeck.

Am 16. August lief der Waffenstillstand ab. An allen nun folgenden Operationen des Armee-Corps, durch welche die sowohl hinsichtlich der Zahl wie der Organisation weit überlegene Macht des Feindes völlig gelähmt, und für die Hauptentscheidung, welche in Mitteldeutschland vor sich ging, werthlos gemacht wurde, nahm das Bataillon Theil.

Am 15. August wurde die Vorpostenaufstellung genommen und die Truppen aus den weitläufigen Cantonnirungen enger zusammengelegt. Die Avantgarde (Generalmajor Tettenborn) besetzte die Puncte Mölln, Büchen und Lauenburg an der Stecknitz. Zu ihrer Aufnahme wurde zunächst rückwärts die Cavallerie-Division zwischen Zarrentin und Boizenburg aufgestellt. In zweiter Linie standen die Division Lyon von Lübtheen bis Wittenburg, rechts davon die Division Arentsschildt von Wittenburg bis Gadebusch und rückwärts bis Schwerin; die Division des Generalmajors Vegesack bildete bei Grevismühlen den rechten Flügel.

In der Nacht zum 18. August ging der Feind in 3 Colonnen gegen die Puncte Lauenburg, Büchen und Mölln vor; in Folge dessen wurden die Truppen concentrirt, und es bezogen die Division

Arentsschildt bei Wittenburg, die Division Lyon bei Hagenow
Bivouak; die Cavallerie zog sich hinter der Boitze zusammen. Da=
mit begann das Feldleben der jungen Truppen. [1])

Erst am 19. August erzwang der Feind — Dank dem rühm=
lichen energischen Widerstande der kleinen vorgeschobenen, aus
Lützowern bestehenden Posten der Avantgarde — den Uebergang
über die Stecknitz. General Wallmoden beschloß ungeachtet seiner
geringen Kräfte ein Gefecht anzunehmen, um den nur zaghaft vor=
bringenden Gegner aufzuhalten und sich über seine Marschrichtung
aufzuklären. Er wählte zu seiner Aufstellung das Terrain von
Bellahn bis Cammin, hinter dem Schaalfluß, wo sich die Rich=
tungen auf Berlin und Stralsund schieden, vereinigte hier am
21. August die Divisionen Arentsschildt, Dörnberg und Tettenborn,
im Ganzen 6000 Mann Infanterie, 3000 Mann Cavallerie und
12 Geschütze, während die Division Lyon bei Hagenow blieb. Am
21. August unternahm der Feind mit 18,000 Mann den Angriff,
wurde jedoch kräftig empfangen und abgewiesen, auch seine Absicht,
über die Stärke der Verbündeten Erkundigungen einzuziehen, wurde
um so mehr vereitelt, als die Division Lyon von dem 1½ Meile
rückwärts belegenen Hagenow nicht einmal herangezogen war. Da
nun General Wallmoden im Wesentlichen seinen Zweck erreicht
hatte, sich auch außerdem mit seinen geringen Streitkräften nicht

---

[1]) Standorte 2c. des Bataillons bis zum Feldzuge in Holstein: 15.—
21. August Wittenburg, 22. Kraack (Biv.), 23.—24. Lübbelow (Biv.), 25.—
26. Grabow (Biv.), 27. August — 1. Septbr. Lager bei Wöbbelin, 2. Septbr.
Friedrichsruh (Biv.), 3. Weitzendorf (Biv.), 4. Schwerin (Biv.), 5. Ludwigslust
(Biv.), 6. Dömitz (Biv.), 7. Woosmer, 8. Dömitz (Biv.), 9. Breese (Biv.),
10.—12. Predöhl (Lager), 13.—14. ebendaselbst (Cant.), 15.—16. Rienhorf,
17.—18. Dömitz, 19.—29. Lübtheen, 30. Septbr.—1. Octbr. Gresse, 2.—
4. October Zahrendorf, 5. Banzien (Biv.), 6. Greps, 7.—8. Lüttow (Lager),
9. Pittelkof, 10.—11. Banzien, 12.—17. Balluhn (Vorp. u. Cant.), 18.—
21. Cammin, 22.—25. Brahlsdorf, 26 October—7. Novbr. Junkerwehningen,
8.—12. Pamprin (Vorp.), 13. Balluhn (Vorp.), 14.—16. Gudow (Vorp.),
17.—18. Testorf (Vorp.), 19.—27. Balluhn (Vorp.), 28.—30. Gudow.

einem ernſteren Angriff, den er auf den anderen Tag erwarten mußte, ausſeßen durfte, ſo beſchloß er den Rückzug, vereinigte am 22. ſein ganzes Corps bei Hagenow, und ging am 23. langſam in der Richtung nach Neuſtadt, wo bereits eine Vertheidigungsſtellung ausgewählt war, zurück. Davouſt folgte dieſer Bewegung nicht, ſondern wandte ſich nach Schwerin, wo er am 23. ſein Hauptquartier nahm

Graf Wallmoden ließ ſeine Truppen deshalb am 23. Auguſt vorwärts Neuſtadt halten und nahm eine Flankenſtellung auf den großen Ebenen bei Neuſtadt und Ludwigsluſt, die Reiterei bei Raſtow, das Fußvolk bei Lübblow und Wöbbelin im Bivouak. Der General Begeſack, welcher durch den Marſch der Franzoſen auf Schwerin Gefahr lief, von Stralſund abgeſchnitten zu werden, erhielt Befehl, raſch auf Wismar zurückzugehen. Gegen ihn ſchob der Marſchall Davouſt die Diviſion Loiſon bis Wismar vor.

Als General Wallmoden am 25. Auguſt von dem Kronprinzen, welcher für ſeine rechte Flanke beſorgt war (hierüber freilich am 27. durch das glänzende Treffen bei Hagelsberg beruhigt), den Befehl erhielt, nach Brandenburg zu marſchiren, ſo brach er am 26.[1]) nach Grabow auf, durch 4000 Mann unter General Tettenborn ſeinen Abmarſch maskirend, erhielt am 27. Gegenbefehl und kehrte

---

[1]) An dieſem Tage enthielt die General=Ordre folgende Mittheilung: „Se. Excellenz der commandirende Herr General zeigen den Truppen ſeines Armee=Corps an, daß das Corps des Generals v. Bülow den Feind am 23. d. Mts. bei Großbeeren geſchlagen hat, ihn aus ſeiner Poſition vertrieben und 23 Kanonen und über 2000 Gefangene abgenommen hat. Am 24. hat der General Winzingerode den Feind ebenfalls bei Trebbin geſchlagen. General Blücher hat den Feind gleichfalls bei Bunzlau geſchlagen.

Auch aus Spanien ſind dem Herrn General Nachrichten von einem großen Siege zugegangen, welchen der General Wellington über den Marſchall Suchet erfochten hat. Mit eben ſo großem Vergnügen machen der Herr General bekannt, daß die hannoverſchen Feldjäger am 24. d. mit dem 3. Hanſeatiſchen Bataillon den Feind auf dem jenſeitigen Ufer der Elbe aus ſeinen Verſchanzungen getrieben und 1 Capitain, 1 Lieutenant und 91 Mann gefangen genommen haben.“

am 28. wieder in seine frühere Stellung zurück, ehe der Feind die
Bewegung gewahr geworden war. Dann faßte er den Plan zu
einem gewagten Unternehmen, welches er auf die Energielosigkeit
des unthätig in Schwerin verweilenden Marschalls gründete, nämlich sich in zwei Märschen, durch den Schweriner See gedeckt, mit
der schwedischen Division bei Warin zu vereinigen und am dritten
Tage mit überlegenen Kräften die der Letzteren isolirt gegenüber-
stehende Division Loison in der Gegend von Wismar anzugreifen,
während Tettenborn stehen bleiben und den Rechtsabmarsch verbergen sollte.

Am Nachmittage des 2. September rückte das Corps nordwärts ab, erreichte nach einem sehr anstrengenden Marsche von drei
Meilen auf den schlechten Wegen durch den Lewitzbruch seine Bivouaks bei Friedrichsruh, Goldenbow und Wessin, brach am 3. früh
Morgens nach Warin auf, erhielt jedoch vom General Tettenborn vor Vollendung des Marsches die Meldung, der Feind habe
um Mitternacht von Schwerin den Rückmarsch angetreten. Es
wurde auf der Stelle gehalten und zur Verfolgung nach Schwerin
gerückt, wodurch sich der Marsch des Tages fast verdoppelte.

Die Meldung des Generals Tettenborn war richtig; Davoust hatte die Offensive aufgegeben und zog sich in die unangreif-
bare Stellung hinter die Stecknitzlinie zurück, welche er am 5. September besetzte; das Hauptcorps bei Ratzeburg, der linke Flügel die
Wakenitz entlang nach Lübeck zu, der rechte an der Stecknitz bis
zur Elbe. In dieser Stellung, welche durch eine große Zahl von
Schanzen, die wichtigsten bei Lauenburg, Büchen, Mölln und Ratzeburg, noch mehr gesichert war, blieb er während des ganzen Feldzuges in Mecklenburg.

Der General Wallmoden folgte ihm am 3. September mit
seiner Avantgarde auf den Fersen und brachte ihm einen Verlust
von 1500 Mann und vieler Bagage bei. Die übrigen Truppen
ließ er spät Abends nach 10 Uhr bei Schwerin ein Bivouak beziehen,

brach nach einem Ruhetage, den er den Truppen gegeben, am 5. nach der linken Flanke hin auf, da er dem ohne äußern Grund angetretenen Rückzuge der Franzosen die Absicht unterlegen zu müssen glaubte, über die Elbe zur Hauptarmee in Sachsen abzumarschiren, und erreichte am 6. Dömitz mit den beiden Infanterie=Divisionen und der Cavallerie-Division; General Tettenborn blieb wieder dem Feinde gegenüber und hielt Zarrentin und Boitzenburg, Begesack Grevismühlen besetzt.

Der Regen goß in Strömen und es war empfindlich kalt, als die Truppen am 6. bei Dömitz ins Bivouak rückten. Sehr erwünscht war es also, daß am folgenden Tage zum ersten Male seit Beginn der Feindseligkeiten das Lager unter freiem Himmel mit Cantonnirungen vertauscht wurde, die sie um Dömitz herum bezogen.

Als es sich herausstellte, daß der Feind die Stecknitzlinie nicht verlasse, ließ Wallmoden die Truppen bis zum 10. September bei Dömitz stehen, und ging dann nach Hagenow zurück. Das Bataillon Lüneburg wurde jedoch zur Verstärkung des Obersten Kielmansegge, welcher bereits im August mit dem Feldjägercorps und einigen Hanseaten eine glückliche Expedition jenseits der Elbe gemacht und diese am 6. zum zweiten Male überschritten und Dannenberg besetzt hatte, am 9. über die Elbe detachirt, bivouakirte bei Breese, lagerte vom 10. bis 12. bei Predöhl und bezog daselbst am 13. Cantonnirungen.

Inzwischen erfuhr General Wallmoden durch eine am 12. einem feindlichen Officier bei Mölln abgenommene Depesche, daß ein Theil der französischen 50. Division unter General Pecheur bestimmt sei, bei Zollenspieker über die Elbe zu gehen und auf Magdeburg zu marschiren; er beschloß sofort einen Ueberfall dieses Detachements zu versuchen, brach in der Nacht zum 13. mit einem Corps von 1300 Mann und 28 Geschützen von Hagenow auf, nur einen dünnen Schleier von Vorposten dem Feinde gegenüber lassend, vereinigte seine Truppen am 14. im Bivouak bei Dömitz, passirte in

der Nacht zum 15. die Elbe, langte mit Tagesanbruch vor Dannenberg an, blieb hier am 15. und rückte am 16. September gegen
den Göhrder Wald vor. Der Erfolg des hier stattfindenden
Kampfes war ein durch zahlreiche Gefangene und andere Trophäen
bezeichneter entscheidender Sieg über den überraschten Feind, der
sich unter dem Schutze der Nacht nach Bleckede rettete. Das Bataillon stand während des Treffens in der Gegend von Niendorf
am rechten Flügel des Wallmodenschen Corps, nahm jedoch, obwohl
es den ganzen Tag unter den Waffen stand, keinen unmittelbaren
Antheil an demselben.

Da die am rechten Elbufer zurückgebliebenen schwachen Detachements bei einem energischen Angriff des Feindes der Vernichtung ausgesetzt waren, so repassirte General Wallmoden am 19. die
Elbe, welche vom Bataillone schon am 17. desselben Monats wieder
überschritten war. Diese Operation war um so gerathener, als der
Feind am 16. und am 18. bereits einen Angriff auf die Vorposten
der Verbündeten gemacht und sie zurückgedrückt hatte. Doch hatte
er diesen Vortheil nicht weiter verfolgt, sondern sich wieder hinter
die Stecknitzlinie zurückgezogen.

Bis Anfang October trat eine Art Waffenruhe ein, welche nur
durch Neckereien und einzelne Ueberfälle unterbrochen wurde. Das
Wallmodensche Corps blieb in Cantonnirungen um Dömitz und
Lübtheen.

Gegen Ende September erhielt Graf Wallmoden vom Kronprinzen den Befehl, angriffsweise gegen den Marschall Davoust
vorzugehen. Obgleich dieses Unternehmen bei der Ueberlegenheit
des Feindes an Infanterie und Geschütz und seiner festen Stellung in
der That unausführbar war, so waren doch alle Gegenvorstellungen
ohne Erfolg und der General war gezwungen, Etwas zu unternehmen, um dem Befehl genügen. Er rückte deshalb am 4. October in die Gegend von Melkhoff zwischen Boizenburg und Hagenow
und beschloß zugleich eine Recognoscirung gegen Büchen und gegen

Ziethen auszuführen; die auf Ziethen sollten die Schweden unter=
nehmen, zu der auf Büchen bestimmte er den General Dörnberg,
dem zu diesem Zwecke die hannoversche leichte Brigade Martin, die
Gefecht bei
Büchen.
den 5. Octbr. 2. Brigade der russisch=deutschen Legion, 2 Schwadronen und 2 Bat=
terien zugetheilt wurden. Das Bataillon Lüneburg brach am
5. October 3 Uhr Nachmittags aus seinen bisherigen Cantonnirun=
gen bei Jahrensdorf auf, kam um 5½ Uhr im Bivouak bei Ban=
zien an, vereinigte sich daselbst mit den übrigen Truppen Dörnbergs
und marschirte mit diesen Nachts über Gresse nach Büchen. Der
Quartiermeister=Lieutenant der Dörnbergschen Division, Oberst=
lieutenant v. Nostitz, welcher befehligt wurde, die feindliche Stellung
so genau als möglich zu recognosciren, verlangte zur Deckung dieser
Unternehmung ein Commando Infanterie, und es fiel seine Wahl
(„um gute zuverlässige Leute zu haben“) auf die leichte Brigade
Martin; es wurden aus dieser 100 Freiwillige herausgezogen, über
welche der Capitain Jacobi, ebenfalls freiwillig, das Commando
übernahm. Diese bildeten nun die Avantgarde der Division und
waren mit einem auf Bauerwagen geladenen Material zum Brücken=
schlag versehen. Der Anmarsch geschah in größter Stille.

Die feindlichen Verschanzungen bestanden aus 2 Redouten,
welche am rechten Ufer der Stecknitz aufgeführt und mit Geschütz
und zahlreicher Infanterie besetzt waren. Ihnen gegenüber am
linken Ufer des Flusses etwas erhöht liegt der Ort und die Post=
station Büchen, von hier führt ein Damm durch die Sumpfniederung
bis an den Fluß, welcher, etwa 40 Schritt breit und ziemlich tief,
der feindlichen Verschanzung als Graben diente. Des moorigen
Grundes wegen war eine Annäherung an das Flußbett anders als
auf dem Damme nicht möglich. Letzterer setzte sich auf dem jen=
seitigen Ufer fort; an ihm lagen die Verschanzungen, die Brücke
war abgebrochen.

Nachdem die Recognoscirung in der Nacht, vom hellen Mond=
schein ermöglicht, vorgenommen war, bezeichnete der Oberstlieute=

nant v. Nostiz dem Capitain Jacobi den Punct, auf welchen der Angriff gerichtet werden solle. Mit Anbruch des Tages besetzte dieser nun das Postgebäude, dessen überraschte Bewohner unangekleidet aus ihren Betten nach der nahegelegenen Kirche und anderen Orten flüchteten, und eröffnete aus den Fenstern desselben das Feuer auf den in der Schanze niedriger stehenden Feind. Doch weder hierdurch noch durch das Feuer der beiden Batterien, welche rechts und links von Büchen auffuhren, aber freilich im Verhältniß zum Feinde zu hoch standen, um eine bedeutende Wirkung zu haben, konnte der Feind zum Verlassen der Schanzen gezwungen werden. Um nun das Schlagen der Brücke möglich zu machen, drang jetzt das Detachement des Capitains Jacobi mit einer außerordentlichen Entschlossenheit bis an den Rand des Flusses vor, zu dem Zwecke, um das Feuer von den mit der Brücke Beschäftigten abzulenken und auf sich zu ziehen; es blieb dort länger als eine Stunde ohne irgend einen Schutz oder eine Deckung unter dem Pistolenschuß des Feindes dessen heftigstem und anhaltendstem Feuer ausgesetzt. — Die Bataillone der Brigade Martin, welche inzwischen den Ort besetzt hatten, kamen nun ebenfalls ins Gefecht.

Der General Dörnberg gewann jedoch die Ueberzeugung, daß in unmittelbarer Nähe des in gedeckter Stellung stehenden Feindes das Schlagen der Brücke über das morastige Wasser eine Unmöglichkeit sei und er sich von einem weiteren Angriffe um so weniger einen günstigen Erfolg versprechen könne, als feindliche Infanterie-Massen bereits zur Verstärkung heranrückten. Auf dem Rückzuge, den er deshalb antreten ließ, würden die Colonnen, welche die Höhe hinauf marschiren mußten, bei dem mit jedem Augenblick steigenden Uebergewicht des feindlichen Feuers noch empfindlichen Verlusten ausgesetzt gewesen sein, wenn nicht der Capitain Jacobi mit kaltblütigster Standhaftigkeit in seiner ganz exponirten Stellung am Ufer des Flusses so lange ausgehalten hätte, als noch eine Kugel gewechselt wurde, wobei er selbst einen Schuß durch den Tschako unmittelbar über dem Kopfe erhielt. Erst auf den ausdrücklichen Befehl des Generals Dörnberg, welcher ihm zugleich den Auftrag ertheilte, mit einem dem Bataillone Lüneburg entnommenen neuen Detachement als Arriere-Garde den weiteren Rückzug zu decken, gab er seinen Posten auf und zog die wenigen nicht Getödteten oder Verwundeten seines Detachements von der Flußniederung zurück.

Der Oberstlieutenant v. Klencke berichtet, nachdem er den Vorgang geschildert, hierüber weiter: „Es ist meine Pflicht, dem Capitain Jacobi hier das Zeugniß zu ertheilen, daß wenn ein Officier mehr als seine Schuldigkeit thun kann, es hier dadurch der Fall war, daß derselbe freiwillig ein Commando übernahm und auf eine so ganz ausgezeichnete Weise führte, daß der General v. Dörnberg demselben durch mich dieserhalb seine vorzügliche Zufriedenheit und zugleich in den allerschmeichelhaftesten Ausdrücken für diese schöne Waffenthat seinen Dank zu erkennen geben ließ. Capitain Jacobi hat allen Affairen mit beigewohnt, in welchen das Lüneburgsche leichte Bataillon von seiner Errichtung her engagirt gewesen ist und benahm sich immer einsichtsvoll und sehr brav. Das Gefecht von Büchen gab ihm eine Gelegenheit sich auszuzeichnen und er hat diese nicht unbenutzt vorbeigehen lassen und es gereicht mir zum wahren Vergnügen, einem in jeder Hinsicht so vorzüglichen Officier hierüber auf Pflicht und Gewissen ein Zeugniß ertheilen zu können!" [1]

Erfreulich mag es uns auch sein, ein Urtheil des zu unseren Truppen in keiner unmittelbaren Beziehung stehenden Oberstlieutenants v. Nostiz über deren Geist und Leistungen zu vernehmen, mit welchem er die Schilderung dieses Gefechts schließt: „Da ich übrigens noch bis zu meiner Abfertigung zur großen Armee Gelegenheit gehabt habe, den Hauptmann Jacobi im Feuer zu sehen, ist

---

[1] Jacobi wurde für dieses Gefecht im Jahre 1818 auf Antrag des Capitels zum Ritter des Guelphen-Ordens ernannt.

es mir nie schwer geworden, den eifrigen, tapferen und ausdauernden Soldaten in ihm zu erkennen, Eigenschaften, welche die damalig jungen hannoverschen Truppen so vortheilhaft vor allen übrigen Formationen des Graf Wallmoden-schen Corps auszeichneten und welche es mir zur besonderen Ehre machen, einen Feldzug mit denselben gemacht zu haben«.[1]

Bei dieser Gelegenheit zeichnete sich der Hornist Sergeant Dannenberg dadurch aus, daß er sich freiwillig erbot, dem Capitain Jacobi den Befehl zum Rückzuge zu überbringen und diesen Auftrag bei der damit verbundenen großen Gefahr und dem starken feindlichen Feuer, welchem er sich aussetzte, unerschrocken ausführte.[2]

Der in diesem Gefecht erlittene Verlust betrug 3 Officiere und 56 Mann, davon kamen auf das Bataillon 2 Officiere und 34 Mann; der Lieutenant Reinbold und der Fähnrich v. Hodenberg waren schwer verwundet und starben bald darauf im Hospital, 4 Mann waren getödtet. Die Division zog sich zunächst auf Schwanheide zurück, marschirte dann nach Gresse und von da weiter nordwärts nach Greps ins Bivouak.

In dieser Zeit übernahm der Oberstlieutenant v. Klencke interimistisch das Commande der Brigade und behielt es bis zum 20. November; der Major v. Obernitz befehligte das Bataillon.

Während einer am Tage nach dem Gefecht bei Büchen, den 7. October gegen die Stellung von Ratzeburg ausgeführten Erkennung blieb der größere Theil des Corps, darunter das Bataillon, bei Lüttow im Bivouak. Damit hörten die auf Befehl des Kronprinzen unternommenen Versuche gegen den Feind auf und das Corps wurde am 9. October in enge Cantonnirungen südlich des Schaal-Sees gelegt.

---

[1] Die Darstellung dieser Einzelheiten über das Gefecht bei Büchen ist auf Grundlage der Acten des Archivs des K. Guelphen-Ordens bearbeitet.

[2] Am 22. Juni 1818 in Folge dieser Handlung Inhaber der Guelphen-Medaille.

Die leichte Cavallerie versah den Vorpostendienst und bildete eine Kette von Zarrentin über Pamprin, Kogel, Segrahn, Rosen=garten bis Langenlehsten; zum Repli des linken Flügels diente ein Infanterie=Bataillon, welches bei Valluhn hinter einer an der Brücke über die Boitze aufgeworfenen unbedeutenden kleinen Fleche aufgestellt wurde. Am 12. October besetzte das Bataillon Lüneburg diesen Punkt. Mit Anbruch des folgenden Tages warf der Feind die bei Rosengarten aufgestellte Cavallerie=Feldwache zurück und saudte gleichzeitig eine Abtheilung Cavallerie gegen Valluhn vor. Der Boitzebach ist seiner sumpfigen mit Gebüsch bewachsenen Ufer wegen dort nur auf der Brücke zu passiren und die Cavallerie kehrte vor dem Feuer des Infanterie=Piquets in der Schanze um.

Gefecht bei
Valluhn.
den 18. Octbr.

Am 18. October machte der Feind eine größere combinirte Unternehmung, um einen Theil der Vorposten abzuschneiden. Ge=neral Romé sollte mit der aus 3—4000 Mann Dänen und Fran=zosen bestehenden Colonne des linken Flügels von Mölln über den Weißen=Hirsch und Seedorf, die rechte Flügel=Colonne unter General Vichery über Besenthal auf Zarrentin vordringen. Bei Tagesanbruch wurden die Cavallerie=Feldwachen bei Rosengarten und Segrahn auf das Piquet zurückgeworfen und dieses angegriffen, wobei es dem Feinde zur Erreichung seines Zwecks darauf ankam, möglichst schnell den Uebergang über die Boitze zu gewinnen.

Nachdem das Bataillon sich rasch gesammelt, wurde die 6. Com=pagnie, welche das Piquet und die 3. Compagnie, welche das Re=serve=Piquet hatte, in der Fleche, die 1. und 2. Compagnie links hinter Gebüsch versteckt, die 4. Compagnie rechts derselben aufge=stellt, um so von allen Seiten die Brücke als den einzig zu passi=renden Weg nach dem Dorfe zu decken und durch Flintenfeuer zu bestreichen. Die 5. Compagnie wurde zur Deckung der rechten Flanke detachirt. Der Feind, welcher ein kleines einige hundert Schritte vor der Brücke liegendes Holz besetzt hatte und die Brücke mit Hartnäckigkeit zu forciren suchte, wurde ungeachtet seines heftigen

Tirailleur= und Geschützfeuers über 3 Stunden aufgehalten, ehe er seinen Zweck zu erreichen vermochte.

Dann erhielt das Bataillon Befehl zum Rückzuge, den es unter dem Schutze der auf Feldwache gewesenen Schwadronen Hu= saren der russisch=deutschen Legion in größter Ordnung ausführte, obwohl es beinahe 1 Stunde durch tiefen Morast zu waten hatte. Der Feind besetzte das Defilee erst, nachdem das Bataillon abgezogen war und sandte nur einige wenige Dragoner nach. Am Abend verließ er Valluhn wieder und ging auf Mölln zurück. Der Rückmarsch des Bataillons ging auf Pamprin; das bei Lübtheen stehende Corps des Generals Dörnberg war auf die Allarmplätze gerückt und nahm das Bataillon auf.

Der Capitain v. Roden war verwundet, von der Mannschaft waren 6 todt, 16 verwundet, 84 vermißt, größtentheils gefangen. (18000 Patronen verschossen.)

In diesem Gefechte zeichnete sich der Schütz Joh. Heinr. Lud= wig Riechelmann der 4. Compagnie, 16 Jahr alt, aus Burgdorf, aus. Die Compagnie stand rechts der Brücke und war dem Kugel= regen des Feindes, welcher Anfangs nur diese Abtheilung bemerkte und sein ganzes Feuer gegen dieselbe richtete, völlig blosgegeben. Das Unerwartete des heftigen Feuers und mehre mitten in der Compagnie geplatzte Haubitzgranaten, wodurch verschiedene Leute getödtet und verwundet wurden, brachte die Compagnie in Unord= nung und sprengte sie auseinander. Um so mehr bewunderten die Officiere der Compagnie den kalten besonnenen Muth des genannten Schützen, welcher der einzige in Reihe und Glied stehende Mann war, der durch Nichts sich erschüttern ließ, sondern fest auf seinem Platze stehen blieb, den er als rechter Flügelmann der Compagnie einnahm. Nur dadurch wurde es den Officieren und Unteroffi= cieren möglich, die Compagnie rasch aufs Neue zu rangiren und mit Ordnung auf den ihr durch den Commandanten der russisch=

3*

deutschen Husaren Oberstlieutenant Graf Dohna angewiesenen mehr gedeckt gelegenen Platz zu führen [1]).

Am 20. October wurde dem Bataillon und der Armee folgende General-Ordre bekannt gemacht: „da der Herr General v. Dörnberg das gute Benehmen des Lüneburgschen leichten Infanterie-Bataillons in den Affairen bei Büchen und Walluhn in seinen Berichten gerühmt hat, so sehen sich Seine Excellenz der commandirende Herr General mit Vergnügen veranlaßt diesem Bataillon Ihre Zufriedenheit zu bezeugen. A. v. Berger, Oberstlieutenant, Generaladjudant". [2])

Durch Entsendungen auf das linke Ufer der Elbe, besonders durch Unternehmungen auf Bremen und gegen das Westphälische, war die im Mecklenburgschen vereinigte Macht des Generals Wallmoden noch mehr verringert und weit auseinander gezogen; da nun nach der Schlacht bei Leipzig zu besorgen war, daß der Marschall Davoust entweder auf Magdeburg vordringen werde, um sich mit der dortigen Besatzung unter St. Cyr zu vereinigen, oder daß er nach Cassel und in's Westphälische, vielleicht auch auf Bremen sich zu werfen versuchen werde, so zog der General, um seine so viel geringeren Streitkräfte auf alle Fälle mehr zur Hand zu haben, den größeren Theil derselben in der zweiten Hälfte des Octobers um Dömitz zusammen, wo er am 28. sein Hauptquartier nahm; die

---

[1]) Für dieses sein vortreffliches Benehmen und seine lobenswerthe Haltung in allen Gefechten, denen er sonst beigewohnt, und besonders bei Quatrebras und Waterloo wurde Riechelmann, welcher bald zum Corporal, am 1. August 1813 zum Fourier avancirte und am 1. Juli 1816 den Titel von Sergeantmajor erhielt, am 14. August 1819 mit der Guelphen-Medaille decorirt. Derselbe lebt gegenwärtig als Amtsvoigt a. D. in Rethem.

[2]) Am 22. October lief die Nachricht von dem bei Leipzig erfochtenen Siege im Hauptquartier des Generals Wallmoden ein und wurde — einem Extrablatt der Berliner Zeitung vom 20. entnommen — sogleich den Truppen durch General-Ordre bekannt gemacht.

bisherige Vorpostenlinie blieb jedoch durch Vorposten-Detachements und durch die Schweden besetzt.

Das Vorposten-Detachement des Oberstlieutenants v. d. Golz der russisch-deutschen Legion hatte die sämmtlichen Wege von Ratze- burg, Mölln und Büchen zu beobachten, und bestand aus 1 Hu- saren-Regiment, ½ Batterie und den Bataillonen v. Lützow und Dessau. Letztere standen in Pamprin und wurden am 8. durch die Bataillone Lüneburg und Bremen-Verden abgelöst; das Bataillon brach deshalb von Junkerwehningen auf und marschirte über Vellahn nach Pamprin. Von hier rückte es am 13. nach Valluhn und nahm am 14. an einer durch die Zurücknehmung der feindlichen Truppen aus der Stellung bei Ratzeburg hinter die Stecknitzlinie veranlaßten Recognoscirung gegen Gudow Theil, bei welchem es zu einem kleinen Gefecht, das Bataillon jedoch nicht ins Feuer kam.

Der Feind, welcher sich überall bis Mölln zurückzog, hielt hier Stand und schlug den Angriff der Lützower ab. Die Truppen blieben die Nacht über in Gudow unter dem Gewehre und standen bis zum 19. bei sehr schlimmer Witterung im Angesicht des Feindes auf Vorposten; da jedoch der Letztere die Stecknitzlinie festhielt, so ging am 19. der Oberstlieutenant v. d. Golz nach Valluhn zurück.

Die Division Dörnberg, welcher die hannoversche leichte Bri- gade zugetheilt war, blieb bis zum Schlusse des Feldzuges in Can- tonnirungen an der Boitze entlang; das Bataillon in Valluhn theils auf Vorposten, theils in Cantonnirungen.

Am 28. November ging die Nordarmee unter dem Kronprinzen bei Boitzenburg von dem linken auf das rechte Ufer der Elbe hin- über; das Wallmoden'sche Corps schob sich in Folge dessen nach dem Schaalsee zusammen; das Bataillon kam nach Gudow. Mit Ende November trat starker Frost ein und der Marschall Davoust gab, da nun die Stecknitzlinie ihre Vertheidigungsfähigkeit verlor, am 1. December seine Stellung auf, trennte sich von den Dänen und zog sich auf Hamburg zurück, während die Dänen nordwärts auf Lübeck und nach Holstein abzogen.

4. Feldzug in Holstein vom 1. December 1813 bis Januar 1814.[1])

Die Nordarmee erhielt die Bestimmung, den Dänen zu folgen und sie von Rendsburg abzudrängen, während das russische Corps des Generals Woronzow den Marschall Davoust in Hamburg und das Corps des Generals Stroganow Harburg einschließen sollte. Graf Wallmoden sollte mit seinem Corps rasch über die Stecknitz nach Oldesloe vorrücken, wo der dänische rechte Flügel stand und von da in Eilmärschen vor dem Feinde an die Eider zu gelangen suchen. Wäre die schwedische Armee dem Corps gefolgt, so war das Gelingen in hohem Grade wahrscheinlich; allein der Kronprinz hielt nicht nur seine Truppen, um sie zu schonen, selbstsüchtig zurück, sondern erschwerte durch seine Maßregeln geradezu die Operationen des Grafen Wallmoden; selbst die Division Vegesack, welche immer zu dem Armee=Corps gehört hatte, wurde so lange zurückgehalten, daß der General in den Kämpfen gegen die Dänen ganz auf seine übrige geringe Truppenzahl beschränkt war. Diese bestand aus etwa 12,000 Mann; die Avantgarde führte der thätige General Dörnberg; sie bestand aus der hannoverschen leichten Brigade Martin, den Lüneburger Husaren, und 2 Husaren=Regimentern, 1 reitenden Batterie und 2 Bataillonen der russisch=deutschen Legion.

---

[1]) Standorte ꝛc. des Bataillons während dieser Zeit: 1. December Mölln, 2. Mannhagen, 3. Groß=Berkenthien, 4.—5. Mühlenbrock (Biv.), 6. Waggendorf, 7. Neumünster, 8. Bovenau, 9. Klein=Wittensee, 10. Cropp, 11.—12. Althoff, 13. Bornstein, 14. —17. Groß=Wittensee, 18. Bossel, 19. Bünzen, 20.—21. Oehlsdorf, 22.—30. Schönfeld, 31. Decbr. — 3. Januar 1814 Gribbohm, 4. Neubieck, 5.—6. Glückstadt, 7.—8. Borßfleth, 9. Oehlsdorf, 10.—15. Innien, 16.—17. Oberndorf, 18. Heyde, 19. Ellerhoop, 20. Borstel.

Die Ordre de bataille des Wallmoden'schen Corps (von den Truppen des Generals Vegesack abgesehen) war folgende:

Avantgarde: General Dörnberg.

Leichte hannoversche Brigade:

Lüneburg, Bremen=Verden, Dessau. ·

2. Brigade russisch=deutscher Legion:

   3. Bataillon, 4. Bataillon, 1. Husaren=Regiment r. d. L., 3. Husaren=Regiment r. d. L., Lüneburger Husaren, 2. reitende Batterie r. d. L. (8 Geschütze).

1. oder russisch=deutsche Division: Generalmajor v. Arentsschildt.

   1. Brigade: 1., 2., 5. Bataillon.

   2. Brigade: 6., 7. Bataillon. Fußbatterie (6 Geschütze).

2. oder englisch=deutsche Division: Generalmajor Lyon.

   Linien=Brigade: Lauenburg, Langrehr, Bennigsen, Holzermann, Jäger=Corps, Fußbatterie (6 Geschütze).

Cavallerie=Division:

   2. Husaren=Regiment russisch=deutscher Legion, 1 reitende Batterie (8 Geschütze) der russisch=deutschen Legion.

   Bremen=Verdener Husaren, 1. Batterie (6 Geschütze), 2. Batterie (6 Geschütze) der englisch=deutschen Artillerie.

Die Hanseaten (2 Bataillone, 8 Schwadronen und 8 Geschütze) lösten sich von der schwedischen Division ab und folgten dem Corps.

Das Bataillon marschirte am 1. December nach Mölln, am 2. nach Mannhagen und stand mit der Hauptmasse des Armee=Corps am 3. bei Berkenthien.

Die Vorposten hatten am Abend dieses Tages eine 3 Meilen lange Linie von der Wackenitz über Crummesse und Casdorf nach Siebenbäumen und Steinhorst besetzt. Der Feind, welcher der Vorhut bisher ohne erheblichen Widerstand gewichen war, stand mit der den äußersten rechten Flügel bildenden 2. dänischen Brigade bei Oldesloe.

Am 4. December Morgens wollte General Dörnberg nun auf Oldesloe angreifend vorgehen und sammelte gerade die Avantgarde bei Klinkrade, als ihm gemeldet wurde, daß der Feind mit bedeutender Stärke im Vordringen begriffen sei. Derselbe war nämlich mit 3000 Mann zum Zweck einer Erkennung von Oldesloe auf Groß=Boden vorgegangen, und hatte Abtheilungen gegen Siebenbäumen und Steinhorst entsandt, welche die Vorposten des Generals Dörnberg von dort vertrieben und die Orte besetzten; die dänischen Reiter waren im Vordringen gegen Casdorf und Klinkrade.

Obgleich der dichte Nebel jede Umsicht hinderte und weder die Stärke des Feindes noch die Gefechtsverhältnisse erkennen ließ — er war so stark, daß man wie in der Nacht marschirte — entschloß sich der General ohne Zögern, zum Angriff vorzugehen und befahl der hannoverschen leichten Brigade und einem Husaren=Regimente über Steinhorst gegen Boden vorzubringen. Das Bataillon Lüneburg hatte hierbei die Avantgarde; als es sich gegen Mittag Steinhorst näherte, wurde es mit Feuer empfangen, der Oberstlieutenant v. Klencke drang jedoch ohne Zögern mit dem Bataillon geschlossen ein und trieb die Dänen in den Dorfstraßen vor sich her; erst am andern Ende kam es zu einem kurzen Schützengefecht, nach welchem der Feind in der Richtung auf Boden abzog. Nun wurde das Bataillon mit einer Husaren=Schwadron zur Sicherung der linken Flanke nach Stubben detachirt, wobei noch einige Gefangene gemacht wurden, während von den übrigen Truppen der Feind in Groß=Boden angegriffen und nach verlustvollem Gefecht auf Klein=Boden zurückgeworfen wurde.

Gefecht bei Steinhorst und Boden, den 4. Decbr.

Die in's Gefecht gekommenen Bataillone verloren an diesem Tage etwa 100 Mann. Das Bataillon Lüneburg bivouakirte die Nacht bei Mühlenbrock auf dem linken Flügel der Avantgarde.

Am 5. December blieb das Gros des Corps in Erwartung der Division Vegesack im Bivouak; die Avantgarde benutzte den Tag jedoch zu einer Recognoscirung gegen Oldesloe. Sie ging dazu in 3 Colonnen vor, rechts ein Bataillon der russisch=deutschen Legion über Schierensölen, in der Mitte der General Dörnberg mit einer Jäger=Abtheilung auf der geraden Straße, links zwei Compagnien der russisch=deutschen Legion und Husaren; zu ihrer Deckung noch weiter links gingen zwei Compagnien des Bataillons Lüneburg unter dem Capitain Jacobi mit einem Zuge russisch= deutscher Husaren über Barghorst. Nach einem leichten Gefechte, in dem man bis zu den feindlichen Schanzen vor Oldesloe drang, wurden von den im Gefecht gewesenen Truppen Schmachtenhagen, Schulenburg, der Schulenburger Wald und Rethwisch mit Vorposten besetzt; das Gros der Avantgarde blieb in Groß= und Klein=Boden.

Nachdem General Wallmoden auf die Schweden wartend, einen ganzen Tag verloren hatte, mußte er sich am Morgen des 6. ent= schließen, dennoch ohne die Division Vegesack, welche vom Kron= prinzen vor Lübeck festgehalten war, zur Verfolgung der Dänen, die inzwischen einen nicht wieder einzuholenden Vorsprung gewonnen hatten, aufzubrechen.

Die Avantgarde marschirte nach Oldesloe, welches von den Dänen verlassen war, wurde dort, um die nöthigste Ruhe zu ge= nießen, auf 2 Stunden einquartiert und setzte Mittags den Marsch auf Segeberg fort. Die Märsche waren im höchsten Grade beschwer= lich; der fette Lehmboden war durch anhaltenden Regen so aufge= weicht und die Wege in Folge dessen so schlecht, daß die Truppen vielfach buchstäblich stecken blieben und nicht auf, sondern neben den Wegen mühsam ein Fortkommen suchten; die Pferde sanken bis an den Bauch in den Morast; tiefe Gräben mußte man überschreiten, und sich häufig stundenlang durch buschbewachsene Brüche und ein= brechendes Eis fortarbeiten. Die Marschordnung löste sich dadurch völlig auf und die Bataillone behielten oft nur oder kaum die Hälfte ihrer Mannschaft zusammen. Am 6. Abends kam die Avantgarde in enge Cantonnirungen zwischen Dreggers und Suhlen, das Bataillon nach Waggendorf; am 7. December marschirte sie nach Neumünster, am 8. dirigirte Graf Wallmoden seine Truppen, um sich den Dänen auf den Wegen von Kiel nach Rendsburg entgegenzustellen, nach Nordtorf; die Avantgarde kam spät Abends in Cantonnirungen nach Bovenau und Umgegend. Am 9. erhielt General v. Dörnberg die Bestimmung, mit der Vorhut bei Cluvensiek über die Eider zu gehen und auf dem nördlichen Ufer des Flusses eine Recognoscirung vorzunehmen. General Wallmoden wollte sich durch die Besetzung Cluvensieks am Eider-Canal mit seinen übrigen Truppen die Verbindung mit Dörnberg sichern. Die Avantgarde stieß auf eine feindliche Abtheilung von 100 Mann und 2 Geschützen, welche die Brücke über den Canal besetzt hielt, überwältigte diese, nahm noch 7 Geschütze, welche zur Besetzung der Küste gedient hatten und auf dem Marsche nach Rendsburg waren, weg und drang westlich des Wittensees gegen Eckernförde vor. Sie marschirte nach Bunge, auf der Straße zwischen Rendsburg und Eckernförde, und stellte gegen beide Städte Vorposten aus; das Gros des Armee-Corps blieb in Cluvensiek stehen.

Die Dänen waren an diesem Tage von Kiel nordwärts abmarschirt, und alle Nachrichten deuteten darauf hin, daß sie weiter über Eckernförde zurückgehen würden. General Wallmoden bestimmte deshalb, daß die Vorhut am 10. auf Messunde rücken und den Uebergang der Dänen über die Schlei verhindern solle; das Gros des Armee-Corps sollte sich Morgens 11 Uhr bei der Schleuse von Cluvensiek versammeln und die Wege von Kiel und Rendsburg auf dem nördlichen Ufer der Eider sperren.

Das dänische Hauptquartier war am Abend des 9. in Gottorf. Der Prinz Friedrich war entschlossen, nicht, wie ihm befohlen war, nach Jütland zu marschiren, weil die höchst anstrengenden Märsche sein Corps aufgerieben haben würden, sondern sich nach Rendsburg zu werfen. Er blieb bei diesem Entschlusse auch, als er erfuhr, daß das Wallmoden'sche Corps theilweise bereits die Eider überschritten habe und er einsah, daß er sich durchschlagen müsse. Der Zusammenstoß fand am 10. December bei Seheſtädt statt, bei welchem Dorfe die Straßen von Cluvensiek nach Eckernförde und von Kiel nach Rends= burg, ihrer allgemeinen Richtung nach, im rechten Winkel, sich schneiden.

In Folge des Umstandes, daß man bei dem Corps des Generals Wallmoden durchaus keinen Zweifel an der nördlichen Marschrichtung des Feindes gehegt und die Aufklärung der rechten Flanke deshalb unterlassen hatte, daß die Avantgarde des Generals v. Dörnberg bereits weiter vorgeschoben war und die eigentliche Absicht des Feindes nicht zu erkennen und danach in's Gefecht einzugreifen vermochte, daß ferner dem Gros des Corps das Rendezvous erst auf 11 Uhr Morgens bei Seheſtädt bestimmt war, das Erscheinen des Feindes aber erheblich früher stattfand, so daß die Truppen in kleinen Abtheilungen dem Feinde entgegen geworfen werden mußten, während die Dänen beim Angriff auf Seheſtädt völlig concentrirt waren — in Folge aller dieser Umstände und der be= deutenden Uebermacht des Feindes an Ort und Stelle entschied sich der Tag zu Gunsten des Letzteren, dem es gelang, nach Rends= burg durchzubrechen.

Das Bataillon hatte an diesem Tage starke Märsche zu machen, kam jedoch nicht mit dem Feinde in Berührung.

Am Abend des Tags stand das Gros des Armee=Corps auf 3 Meilen von der Avantgarde getrennt. General v. Dörnberg war seiner eigenen Sicherheit wegen nach Cropp gegangen, um im schlimmsten Falle den Uebergang über die Eider in der Nähe ihrer Mündung bei Friedrichsstadt zu benutzen, dessen der General Tettenborn sich schon versichert hatte; das Gros wurde hinter die Eider verlegt; am 12. wurde die Avantgarde nach der Gegend

von Marienthal und Altenhoff zwischen Eckerförde und dem Wit-
tensee herangezogen, wo sie die nächsten Tage blieb.

Am 16. December wurde den Truppen der Abschluß eines
Waffenstillstandes mit den Dänen bekannt gemacht, welcher bis
zum 29. December dauern sollte. Die Feindseligkeiten hörten in
Folge dessen auf und die Truppen wurden am 18. December in
ausgedehnte Cantonnirungen in dem vom Kriege noch weniger
berührten Theile von Holstein um Itzehoe verlegt; die Avantgarde
wurde aufgelöst; General Wallmoden nahm sein Hauptquartier in
Itzehoe.

Durch Heranziehung von zwei, bereits am 16. October 1813
beim General=Depot formirten Compagnien [1] completirte sich das
Bataillon am 24. December auf 8 Compagnien.

Die Zeit der Ruhe wurde benutzt, um die Zügel der Disciplin
und die militairische Ordnung, welche bei den außerordentlich beschwerlichen Verhältnissen, die der Feldzug in letzter Zeit ange-
nommen hatte, gelockert waren, wieder straffer anzuziehen, und so
viel es die Umstände erlaubten für die Instandsetzung der arg
mitgenommenen Bekleidungs= und Bewaffnungs=Gegenstände zu
sorgen, um die Truppen zu neuen Unternehmungen in Bereitschaft
zu setzen. Die Friedensunterhandlungen mit Dänemark gelangten
indessen zu keiner Entscheidung und es fand eine Verlängerung des
Waffenstillstandes bis zum 5. Januar statt.

---

[1] Sie waren noch mit schwarzen Monbirungsröcken versehen, welche das
Bataillon Langrehr ursprünglich getragen und am 15. Juli an das Bataillon
abgegeben hatte. Weil man sie zuvor mit neuen Monbirungen zu bekleiden
wünschte, war ihre Absendung vom Depot so lange verzögert worden. Capitain
v. Dachenhausen, welcher das Detachement des leichten Bataillons Lüneburg beim
General=Depot commandirte, klagt in Berichten an den Commandeur sehr über
die äußerste Geldnoth, die ihn in Allem und namentlich bei der Anschaffung der
Bekleidungs=Gegenstände lähmte und schon gezwungen habe, zu seinem Privat=
Credit Zuflucht zu nehmen; er bittet zugleich inständig: „ihre deplorable Lage zu
consideriren.“

Am 5. Januar 1814 wurde das Bataillon zur Belagerung von Glückstadt entsandt, wo es ein Bataillon der russisch=deutschen Legion ablöste. Die Festung war nicht in den Waffenstillstand ein= geschlossen und wurde vom schwedischen General v. Boye belagert.

Am Abend des 5. capitulirte sie indeß schon und wurde von den verbündeten Truppen besetzt.

Da der Friede nicht zu Stande kam, so wurde, nachdem der Waffenstillstand abgelaufen war, am 6. Januar die Blokade Rends= burgs wieder aufgenommen. Dem General Wallmoden wurde der Befehl über das Belagerungs=Corps übertragen, welches nördlich der Eider aus der Division Vegesack, südlich derselben aus der russisch=deutschen Legion bestehen sollte. Die hannoverschen Truppen des Wallmoden'schen Corps, 6000 Mann, waren bestimmt, nach Hannover zurückzukehren, um einer dort neu zu errichtenden Armee von 15,000 Mann als Stamm zu dienen. Allein wegen der Unsicherheit der politischen Verhältnisse zu Dänemark ließ der Kronprinz diese Truppen nicht abmarschiren, sondern als Reserve der Belagerungsarmee in Holstein stehen.

Um sich mit dem Corps des Generals Wallmoden wieder zu vereinigen, marschirte das Bataillon am 7. von Glückstadt ab, kam in Cantonnements nach Borsfleth, nördlich von Glückstadt, am 9. nach Oehlsdorf, unweit der Straße von Itzehoe nach Neumünster, und traf am 10. in Innien mit der Division Lyon zusammen. Auch diese Märsche waren so beschwerlich wie möglich, da die Wege durch mannshohen Schnee ganz unpassirbar waren und ganze Ortschaften aufgeboten werden mußten, um sie nur gangbar zu machen.

Die Belagerung war mit bedeutenden Schwierigkeiten ver= knüpft; die Jahreszeit war sehr streng, der Boden fußtief gefroren, dabei hoch mit Schnee bedeckt, der belagerte Feind stark an Truppen= zahl und mit zahlreichen gut bespannten Feldgeschützen und 1500 M. Cavallerie versehen; dem Belagerungs=Corps fehlte es an Anleh=

nungspuncten, auch gebrach es an schwerem Geschütz. So hätte
Rendsburg lange Widerstand zu leisten vermocht, doch Dänemark
konnte die Last des Krieges, in dem seine reichste Provinz vom
Feinde besetzt war, nicht länger tragen; auf's Neue drang es auf
Waffenstillstand und erhielt die Bewilligung zur Einstellung der
Feindseligkeiten am 9. Januar; in Folge dessen wurden ausge-
dehntere Cantonnirungen bezogen; das Hauptquartier des Grafen
Wallmoden kam nach Neumünster; das des Kronprinzen blieb zu
Kiel. Um die nöthigen Einleitungen wegen des Abmarsches der
hannoverschen Truppen, welcher auf den 12. Januar 1814 fest-
gesetzt war, zu treffen, verfügte sich der General in der Zwischenzeit
selbst nach Kiel. Allein auch jetzt befahl der Kronprinz, da dem
Friedens-Abschluß sich neue Hindernisse entgegensetzten, daß keine
Truppen-Abtheilung über die Elbe zurückgehen sollte und traf
Anstalt, zu unmittelbarem ernstem Angriff die ganze Armee marsch-
fertig zu machen.

Auf diese drohenden Bewegungen folgte am 15. Januar der
Abschluß des Friedens zu Kiel, durch den sich Dänemark verpflich-
tete, an Frankreich den Krieg zu erklären und ein Contingent von
10,000 Mann zu den Verbündeten stoßen zu lassen.

In Folge dieser Uebereinkunft wurde befohlen, daß General
Stroganow durch das Corps des Generals Wallmoden in der
Blokade von Harburg abgelöst werden und nach Maßgabe als die
Ablösung vor sich ginge über Bremen an den Rhein abrücken
solle. Das Wallmoden'sche Corps, nämlich die hannoverschen und
englischen Truppen, die russisch-deutsche und die hanseatische Legion
setzten sich unmittelbar in Marsch, um die Elbe zu überschreiten
und die Blokade von Harburg zu übernehmen. Am 18. Januar
begann die Bewegung des Corps von Neumünster auf Barmstedt.
Am 20. brachen die englischen und hannoverschen Truppen, mit
Ausnahme des Bataillons v. Langrehr, welches in Glückstadt
zurückblieb, nach Wedel auf und gingen am 21. bei Blankenese

über die gefrorene Elbe nach Burtehude. Die russisch-deutsche Legion wandte sich von Barmstedt ostwärts, um bei Zollenspieker die Elbe zu passiren und bezog Quartiere um Winsen. Die Division Vegesack gehörte nicht mehr zu dem Heertheil; auch wurde die russisch-deutsche Jäger-Compagnie von den Kielmansegge'schen Jägern getrennt und trat zur Legion zurück.

Der Geschichtschreiber des Wallmoden'schen Armee-Corps schließt die Beschreibung des Feldzugs in Holstein mit folgenden Worten, welche hier Platz finden mögen: "so endete der kurze Kampf mit Dänemark, in dem unbestreitbar dem Armee-Corps des Generallieutenants Grafen Wallmoden die thätigste und beschwerlichste Rolle anheimfiel, für die ihm — obgleich von den Zufälligkeiten des Kriegsglücks mit Mißgunst behandelt, durch das Ungemach der Jahreszeit, der Witterung und Wege, durch das unberechenbare Zusammentreffen von Begebenheiten und Mißverständnissen, an denen die trefflichsten Entwürfe und Berechnungen scheitern mußten, in mehr als einer Gelegenheit bevortheilt — dennoch der verdienteste Lorbeer in diesem Zuge gebührt."

5. Blokade Harburgs bis April 1814.[1])

Die hannoversche Regierung hatte die Aufstellung einer neuen Armee von 15,000 Mann übernommen; ihre Einrichtung sowohl wie die bessere Organisirung der bereits gebildeten Truppen ließen es zweckmäßig erscheinen, die letzteren, nachdem sie im Holsteinischen disponibel geworden waren, nicht sofort an den Rhein zu senden, sondern ihnen Zeit und Gelegenheit zu geben, aus den hannoverschen Landen das Erforderliche zu beziehen, um die Truppen in den streitfähigsten Stand zu setzen, und zugleich durch die Nähe

---

[1]) Standorte 2c. des Bataillons: 21.—25. Januar Horneburg, 26. Burtehude, 27. Januar — 3. Februar Neuenfelde, 4. Februar — 3. April Moorburg und Lauenbruch (Vorposten), 4.—12. Francop, 13. Burtehude, 14. Zeven, 15. Ottersberg.

begünstigt, aus den älteren Bataillonen den Stamm für die neu
zu errichtenden herauszuziehen und sie allmählich vollzählig zu
machen.

Aus diesem Grunde wurden die hannoverschen Truppen wie
der Rest des Wallmoden'schen Corps für's Erste zur Blokade Harburgs bestimmt, jedoch verlangte der Kronprinz, unter dessen Befehle diese Truppen für den Marsch gegen Frankreich zu treten
hatten, daß Stellung und Ausrüstung jener 15,000 Mann binnen
vier Wochen beendet und das Corps alsdann bereit sein möchte,
den Marsch an den Rhein anzutreten.

Das Commando über das Belagerungs-Corps von Hamburg
und Harburg übernahm als General en Chef der General Graf
Bennigsen; er selbst mit der russisch-polnischen Armee an dem
Norbufer, das Wallmoden'sche Corps an dem südlichen Ufer der
Elbe. Hamburg war in kürzester Zeit mit Aufbietung der ärgsten
Gewaltmittel vom Marschall Davoust sehr stark befestigt, und
durch eine mehr als eine Meile lange Kunststraße mit den als
Brückenkopf für Hamburg dienenden Befestigungswerken von Harburg verbunden. Diese Straße führte über die Insel Wilhelmsburg und bestand auf den sumpfigen Stellen aus einer Pfahlbrücke,
deren Theile eine Gesammtlänge von 15,941 Fuß hatten; über
die beiden Elbarme wurde die Verbindung durch Fähren vermittelt.

Diese Straße war durch zahlreiche Werke und Blockhäuser gedeckt. In Harburg war die Citadelle, — ein unregelmäßiges
Fünfeck, mit bedecktem Wege, Glacis, und von einem doppelten
Wassergraben umgeben, welche lange Zeit vernachlässigt war —,
wieder hergestellt; außerdem waren die der Stadt vorliegenden
Höhen mit einer zusammenhängenden Linie von Verschanzungen
und Verhauen befestigt. Auf dem schwarzen Berge, welcher den
höchsten Punkt einer fortlaufenden Höhenreihe bildet, war eine
große Schanze mit trockenem, aber pallisadirtem Graben, gedecktem
Wege und Glacis und weiter unterhalb auf den Abstufungen des

Berges, zwei kleinere Werke, mit jener durch Verhaue verbunden, angelegt. Noch tiefer waren zwei Fleschen und zwei Blockhäuser, und auf der Südseite des Berges noch drei kleine Schanzen erbaut. Alle diese Werke verband ein zweiter Verhau, der einerseits an den Wassergraben der Citadelle, andrerseits an einen kleinen See nahe der Stadt sich anschloß.

Drei andere gleichfalls durch Verhaue verbundene Werke auf dem sogenannten Grombofberg erschwerten die Annäherung auf dieser Seite. Südlich der Stadt deckten drei kleine Fleschen und eine große mit Verhauen geschlossene Schanze zu Füßen des Krumholzberges den Zugang, den abermals eine zweite Linie vertheidigte, und schlossen sich erstere an den See bei Wilsdorf, die zweite an den Dammweg nach Winsen und mittelst eines abermaligen Verhaues an einen Arm der Seve, deren Wasser den Graben der Citadelle füllt, an. So war Harburg mit einer zusammenhängenden doppelten Linie fester Werke gegen jeden Angriff geschützt.

Die Besatzung der beiden Städte Hamburg und Harburg betrug zu dieser Zeit mindestens 32,000, die Belagerungs-Armee des Generals Bennigsen 50,000 Mann.

Nachdem die hannoverschen Truppen am 21. Januar über die Elbe gegangen waren, bezogen die leichte Brigade um Burtehude, die Linien-Brigade in Stade, die Cavallerie bei Winsen und Hittfeld Quartiere (das 3. Husaren-Regiment marschirte nach den Niederlanden ab). Am 25. übernahm das Corps die Einschließung des Platzes, General Stroganow rückte mit seinem Corps an den Rhein. Der Theil des Corps, welcher vor Harburg lag, bestand aus 4 Bataillonen und 3 Schwadronen Hannoveraner, 6 Schwadronen und 2 Fußbatterien Hanseaten, 6 Bataillonen, 1 Jäger-Compagnie, 2 Husaren-Regimentern und 3 Fußbatterien der russisch-deutschen Legion (von letzterer 3 Bataillone, 1 Husaren-Regiment und 2 Batterien in Reserve zu Winsen), im Ganzen 10 Bataillonen

4

1 Compagnie, 17 Schwadronen und 4 Batterien, gegen 7000 M., darunter 1800 Mann Cavallerie. Das Hauptquartier des Corps sowohl wie das der Division Lyon wurde nach Burtehude verlegt.

Der übrige Theil des Wallmoden'schen Corps lag als Besatzung in Stade, Bremen und Glückstadt.

Die Hannoveraner und die Hanseaten übernahmen die Einschließung links vom Dorfe Hittfeld bis zur Elbe bei Moorburg; die russisch-deutsche Legion rechts von Hittfeld bis zur Elbe bei dem Dorfe Bullenhausen. Die leichte Brigade gab die Vorposten für den linken Flügel des Blokade-Corps.

Da die Harburg zunächst gelegenen Orte Lauenbruch, Eisdorf und Wilsdorf noch unter dem Kanonenschuß der feindlichen Werke lagen und die Strenge des Winters das Lagern im Freien nicht gestattete, so ließ der General jene Punkte nur mit schwachen Posten besetzen und den Rückhalt für dieselben in den nächsten rückwärts gelegenen Ortschaften — speciell für Lauenbruch in Moorburg — aufstellen. Anfangs lag das Bataillon in Neuenfelde und gab täglich eine Compagnie zum Piquet nach Altenwerder und eine Compagnie nach Finkenwerder. Was von den Bataillonen nicht im wirklichen Dienst war, mußte sich beständig bereit halten, sofort auf das Signal unter Waffen zu kommen und die Vorposten zu unterstützen. Am 3. Februar brach das Bataillon von Neuenfelde auf, um, das 2. Bataillon hanseatischer Infanterie ablösend, die äußersten Vorposten zu Moorburg resp. Lauenbruch zu besetzen.

General Wallmoden reiste wegen der Organisation der hannoverschen Truppen nach Hannover und General-Major v. Arentsschildt übernahm am 31. Januar während seiner Abwesenheit den Befehl über das Blokade-Corps vor Harburg; das Hauptquartier wurde nach Winsen verlegt.

Gefecht bei Lauenbruch. 9. Febr.

Auf den 9. Febr. beschloß General Graf v. Bennigsen einen energischen Angriff, um die Insel Wilhelmsburg, welche die Verbindung zwischen Hamburg und Harburg vermittelte, wegzunehmen. Drei russische Colonnen sollten vom rechten Stromufer den eigentlichen Angriff machen; während gleichzeitig das vor Harburg stehende Corps die feindliche Besatzung beschäftige und dadurch das Unternehmen begünstige; eventuell sollte es bei einem weitern Vordringen der Russen gegen Harburg die Festungswerke auf dem linken Ufer stürmen.

Das Bataillon war zum Vorgehen auf dem Elbdeich von Lauenbruch her und zum Angriff auf die daselbst belegene feindliche Verschanzung bestimmt. Um 3 Uhr Morgens standen die Truppen bereit; um halb 5 Uhr begann mit dem ersten Feuer der Russen gegen Wilhelmsburg der Angriff. Es waren zwei Compagnien unter dem Commando des Majors v. Obernitz in die linke Flanke auf das Eis detachirt, zwei Compagnien waren nach rechts hin entsandt. Beide Abtheilungen sollten dem Feinde in die Flanke fallen und ihn, falls er sich zurückzöge, wo möglich abschneiden, während zwei Compagnien die Schanze stürmten. Der Angriff wurde sehr rasch und mit Entschlossenheit ausgeführt, die Schanze erobert, und der Feind behielt kaum Zeit, sich durch die schleunigste Flucht zu retten. Die Verschanzungen wurden sofort abgetragen.

Die Russen hatten inzwischen auf Wilhelmsburg eine starke Beute an Gefangenen, Geschützen zc. gemacht; der Widerstand den sie fanden, war jedoch so bedeutend, daß sie den Angriff auf Harburg aufgaben. Die Truppen des Generals v. Arentsschildt blieben in Erwartung ihres Vorgehens bis Nachmittags zum Sturm auf Harburg bereit; dann wurden sie zurückgenommen, blieben aber während der Nacht consignirt.

Das Bataillon hatte an diesem Tage 2 Todte und 10 Verwundete. Unter den Letzteren befand sich der bald darauf zum Fähnrich beförderte Freicorporal Sachse, damals noch nicht 15 Jahr alt.

4*

Am folgenden Tage sprach Generalmajor v. Arentsschildt seine Zufriedenheit in der General-Ordre d. d. Winsen, den 10. Febr. 1814 in folgender Weise aus: „Der Herr General v. Arentsschildt bezeugt den am gestrigen Tage versammelten Truppen seine Hoch- achtung für ihr Betragen und seinen Dank für den Eifer, mit welchem sie die ihnen gewordenen Aufträge vollzogen haben; meh- rere haben einen weiten und beschwerlichen Marsch gehabt und der Herr General hat mit Vergnügen bemerkt, daß alle zu der bestimmten Zeit die ihnen angewiesenen Posten besetzt hatten. Die rechte Flügel-Colonne unter dem Befehle des Majors v. Horn und die linke unter dem des Obersten Grafen v. Kielmansegge, welchen der Auftrag geworden, einige vom Feinde besetzte und zum Theil stark verschanzte Orte zu nehmen, haben dies mit so vieler Entschlossenheit gethan, daß der Feind aller Anstrengung ungeachtet, auf keinem Punkte zu widerstehen vermochte und der Zweck des Gefechts vollkommen ausgeführt ward. Der Herr General freut sich, dem ganzen Armee-Corps sagen zu dürfen, daß es im Ganzen wie im Einzelnen die ihm bei der Operation des gestrigen Tages zu Theil gewordene Bestimmung erfüllt hat und wird es Sr. Excellenz, dem Generallieutenant Grafen v. Wall- moden unverzüglich berichten. Harthausen, Capitain und Aide- Generaladjubant." [1]

---

[1] In denselben Tagen, als die Napoleon vereinzelt gegenüberstehenden Blücher'schen Heertheile auf den Feldern von Etoges und Champaubert nur durch die heldenmüthigste Tapferkeit und Standhaftigkeit den schwersten Niederlagen entgingen, wurde den im Vaterlande fechtenden Truppen der definitive Sieg der guten Sache durch nachstehende, aus Francop vom 14. Februar datirte, Ordre mitgetheilt: „Um 3 Uhr Nachmittags werden heute die respectiven Bataillons von den Commandeurs auf ihren verschiedenen Allarmplätzen versammelt und wird denselben folgende höchst erfreuliche und officielle Nachricht vorgelesen: Die ver- einigte österreichische, russische und preußische Armee von Schwarzenberg und Blücher haben am 1. und 2. Februar bei Brienne in Frankreich einen vollständigen Sieg über die französische Armee, welche Bonaparte in Person commandirte, erfochten.

Am 16. Februar 1814 traf der Capitain v. Dachenhausen, welcher bisher dem Depot zugetheilt gewesen war, nach Auflösung des zuletzt in Hildesheim stationirten General-Depots am 4. Februar, mit dem dem Bataillone zufallenden Reste des Depots beim Bataillone ein.

Am 17. Februar wurde der Angriff nach ähnlichem Plane wie am 9. wiederholt. Die Russen gingen wieder in 3 Colonnen gegen Wilhelmsburg vor; das Bataillon folgte der rechten Seiten-Colonne, welche von Altona aus über den Reiherstieg her angriff; die Russen setzten sich in Besitz der Insel und verbrannten einen Theil der Brücke; da die Franzosen aber Nachmittags von Hamburg und Harburg mit bedeutender Macht vordrangen, so mußten sie wieder zurück.

Das Bataillon verlor, obwohl dem feindlichen Geschützfeuer ziemlich stark ausgesetzt, an diesem Tage keinen Mann.

Am 23. räumten die Franzosen von den wiederholten Angriffen ermüdet, Wilhelmsburg freiwillig; die Insel blieb von beiden Seiten unbesetzt; doch wurde sie nach wie vor von den Franzosen zur Verbindung ihrer Truppen, welche zwischen Hamburg und Harburg vielfach hin und her marschirten, benutzt.

Zunächst rückte nun von dem Wallmoden'schen Heertheile die russisch-deutsche Legion und das Kielmansegge'sche Jäger-Corps (17. Februar) nach dem Rhein ab. Die hannoverschen Truppen, auch die neu formirten, sollten folgen, und Graf Wallmoden über das Ganze in den Niederlanden wieder den Oberbefehl führen. Der Abmarsch der Legion und der Jäger fand vom 16. bis 20. Februar Statt.

Das Commando über das Blokade-Corps vor Harburg fiel

---

73 genommene Kanonen und 12,000 Gefangene sind die Früchte desselben. Die Alliirten sind am 8. Februar in Paris eingerückt und wahrscheinlich ist Bonaparte schon nicht mehr. Fr. Gr. Kielmansegge, Oberst."

an den Generalmajor Lyon. Das Corps bestand jetzt aus 8500 Mann
(9 Bataillone, 14 Schwadronen und 16 Kanonen), davon

1) Hannoversche Truppen (links von Hittfeld bis Moorburg):
die leichte Brigade des Oberstlieutenants Martin, jetzt befehligt vom Oberstlieutenant August v. Klencke: Bataillone
Lüneburg, Bremen-Verden und Gerber [1]) (später Osnabrück
genannt, war neu errichtet und traf am 8. März ein);
die Linien-Brigade des Oberstlieutenants Halkett: Bataillone
Lauenburg, v. Bennigsen später Verden; v. Langrehr später
Hoya, Harzer Schützen-Corps später Grubenhagen. (Letzteres kam erst im April vor Harburg an);
die Cavallerie-Brigade des Obersten v. Estorff: Husaren-Regi-
menter Lüneburg, 4 Schwadronen, und Bremen-Verden,
4 Schwadronen;
1 Batterie.

2) Hanseatische Truppen (rechts bis Bullenhausen):
2 Bataillone, 6 Schwadronen, 10 Geschütze.

Das Bataillon blieb in seiner Stellung unter den Augen des
Feindes in Lauenbruch und Moorburg. War der Belagerungsdienst
überhaupt schwierig und gefährlich, weil es dem Feinde möglich
war, fast unbemerkt so bedeutende Streitkräfte auf das linke Ufer
der Elbe hinüberzuziehen, daß er das Corps aufzureiben vermochte,
so war er dies um so mehr für das Bataillon Lüneburg, als es
durch seine Stellung in unmittelbarer Nähe des Feindes den feindlichen Angriffen ganz besonders ausgesetzt war. Aber es überwand
alle Beschwerden mit größter Ausdauer und zeigte bei allen Vor-
fällen eine so lobenswerthe Haltung, daß alle Angriffe des Feindes
ohne Erfolg blieben.

---

[1]) Das Bataillon Gerber kam nach Burtehude, das „Bataillon Hanseatischer
Cavallerie", welches in Neugraben und Fischbeck gestanden hatte, blieb vorläufig
noch daselbst, Oberstlieutenant v. Klencke hatte das Commando über die Vorposten bei Moorburg.

Das Piquet des Bataillons stand in der Moorburger Schanze, welche etwa eine Viertelmeile von den Verschanzungen am schwarzen Berge gelegen 'war und nur zu einer nothdürftigen Schutzwehr diente, indem sie unvollkommen erbaut, dem Wurffeuer der Citadelle ausgesetzt und, so lange das Marschland gefroren war, mit Leichtigkeit umgangen werden konnte.

Am 4. März Abends in der Dämmerung gelang es dem Feinde in Folge Mangels an Wachsamkeit auf Seite der Posten unbemerkt vom schwarzen Berge herüber in die rechte Flanke des Dorfes gerade in dem Augenblicke zu kommen, als das Bataillon die Feldwachen zc. ablösen ließ. Mehrere Posten und Abtheilungen waren schon umgangen und dem Feinde seine Absicht soweit geglückt, daß die ersten Schüsse bei dem Hause in Lauenbruch fielen, welches zunächst an Moorburg lag.

Gefecht bei Moorburg. 4. März.

Das Piquet in der Schanze gerieth in Gefahr abgeschnitten zu werden; die auf Reserve-Piquet in Moorburg stehende Compagnie rückte zwar zur Unterstützung desselben dem Feinde entgegen, wurde aber bis Moorburg zurückgedrängt.

Der besondern Bravour des Lieutenants Collmann, welcher ohne in Dienst zu sein, beim ersten Feuer rasch herbeieilte und sich ohne Befehl mit der ersten zusammengerafften Mannschaft dem Feinde mit der größten Entschlossenheit entgegenwarf, war es zu verdanken, daß es dem Feinde nicht gelang, das Dorf in Brand zu stecken und derselbe so lange aufgehalten wurde, bis der Oberstlieutenant v. Klencke mit den inzwischen formirten Compagnien zur Verstärkung herbeieilen und die Franzosen durch einen entschlossenen Bajonnetangriff aus Lauenbruch hinaus und in seine Verschanzungen zurückwerfen konnte. Bei dem Verfolgen des Feindes wurde der Lieutenant Collmann durch seinen Muth in der Dunkelheit zu weit geführt, im Handgemenge durch die Mehrzahl überwältigt, verwundet und gefangen genommen. Erst die Capitulation Hamburgs im Mai desselben Jahres bewirkte seine Befreiung aus der Gefangenschaft, in welcher er als ehemaliger westphälischer Officier die empörendste Behandlung hatte erdulden müssen. [1])

Der Lieutenant Hansing und 4 Mann waren in der Affaire getödtet, 6 Mann verwundet und außer dem Lieutenant Collmann 14 Mann gefangen genommen. Vor seiner Vaterstadt, in welcher sein Vater Bürgermeister, damals Maire, war, fiel der Lieutenant Hansing, wie mehrere Soldaten versicherten, von einem französischen Officier durchstochen.

Ohne einen scharfen Verweis für den wachhabenden Officier, welcher an dem erlittenen Verlust wesentlich die Schuld trug, ging es nicht ab.

Ein ähnlicher Angriff wurde vom Feinde am 7. März gemacht, das Bataillon hatte dabei 4 Verwundete. Am 28. März meldeten die Vorposten des Belagerungs-Corps, daß starke feindliche Colonnen von Hamburg nach Harburg marschirten; man mußte fürchten, daß der Feind mit Uebermacht über die Belagerer herfallen oder sich mit der ganzen Besatzung durchschlagen wollte. Die durch den Eisgang völlig unterbrochene Verbindung mit den russischen Truppen machte die Sache noch bedenklicher. General Lyon zog, um nach Kräften einem Unfalle vorzubeugen, Alles, was ihm außer der ersten Vorpostenlinie blieb, bei Hittfeld zusammen. Am 29. und 30. März fanden heftige Ausfälle des Feindes gegen die Südseite statt, wo die Hanseaten standen; die Franzosen errangen bedeutende Erfolge, drängten die Truppen zurück und plünderten die ihnen preisgegebenen Orte. Nun beabsichtigte Davoust gegen Hittfeld vorzubringen und sich des daselbst befindlichen Hauptmagazins der Belagerer zu bemächtigen. Um den Erfolg vorzubereiten und sich

---

[1]) Für sein Benehmen an diesem Tage und die vorzüglich brave Haltung, die er in allen Affairen, denen er sonst beigewohnt, im Besondern bei Balluhn und bei Waterloo, an den Tag gelegt hatte, wurde der Lieutenant Collmann 1821 auf Antrag des Capitels durch das Ritterkreuz des Guelphen-Ordens ausgezeichnet.

in der rechten Flanke zu sichern, beschloß er zuerst die Truppen aus der Moorburger Schanze und vom Elbdeiche zu vertreiben. Am 1. April Nachmittags zwischen drei und vier Uhr führte deshalb General Pecheur drei Bataillone gegen diesen vom Bataillone besetzten Posten und griff ihn mit Ungestüm an; scheiterte jedoch an dem Muthe der Truppen und ihres Führers. Wiederholt wurde gestürmt, ohne daß der Feind seinen Zweck erreichte und er das Bataillon auch nur einen Fuß breit zurückdrängte. So dauerte der Kampf bis spät Abends, auch suchte der Feind, wiewohl vergeblich, das Dorf durch Brandraketen in Brand zu stecken. Abends 11 Uhr endlich wurde er durch ein Freiwilligen-Detachement mit dem Bajonnet geworfen und bis unter die Thore von Harburg verfolgt. Der Verlust des Feindes, welcher namentlich auch durch eine bei den Verschanzungen des Bataillons befindliche russische Kanone sehr belästigt war, bestand aus wenigstens 300 Todten und Verwundeten, und es mag als ein Beweis für die Heftigkeit dienen, mit welcher der Angriff ausgeführt wurde, daß nicht nur mehrere französische Soldaten, sondern auch 2 Officiere auf 30 bis 40 Schritt vor der Schanze todt gefunden wurden. Der Verlust des Bataillons war verhältnißmäßig sehr gering. Capitain Korfes war schwer, Adjutant Richard und Lieutenant Ritter leicht verwundet, von der Mannschaft waren 2 todt, 18 blessirt (39,000 Patronen verschossen). Das Bataillon erwarb sich an diesem Tage den Ruf ausgezeichneter Bravour und ist später wiederholt von höheren Vorgesetzten mit Genugthuung an denselben erinnert worden.

Gefecht bei Lauenbruch. 1. April.

In diesem Gefecht zeichnete sich der Feldwebel Friedrich Marwedel und der Corporal Adolf Parrhysius der 2. Compagnie durch ungewöhnlichen Muth bei dem entscheidenden Bajonnetangriffe aus.

Auch der Cadet-Sergeant Panse, später Postschreiber in Hannover, war Einer von denen, die sich an die Spitze der Freiwilligen stellten.

Am folgenden Tage erließ der Divisions-Commandeur folgende General-Ordre: "Burtehude, den 2. April 1814. Der Herr Generalmajor Lyon macht den Truppen unter seinem Commando mit besonderem Vergnügen bekannt, daß es dem 1. Bataillon des Regiments Lüneburg, unter Anführung des Herrn Oberstlieutenants v. Klencke, gelungen ist, den Feind, welcher die Postirung bei Moorburg gestern mit einer bedeutenden Uebermacht angriff und zu verschiedenen Malen frische Truppen anrücken ließ, zurückzuschlagen. Der Herr General bezeugt diesem Bataillon, welches sich mit so ausgezeichneter Bravour betragen hat, nicht allein seine höchste Zufriedenheit, sondern auch seinen aufrichtigsten Dank. Er wird nicht verfehlen, seinen Rapport an Se. Königl. Hoheit den Herzog von Cambridge und den General Grafen v. Bennigsen zu machen. Dem Herrn Oberstlieutenant v. Klencke wünsche er Glück zu diesem für ihn und sein Bataillon so ehrenvollen Tage, und bittet er sowohl den sämmtlichen Herren Officieren des Bataillons als auch vorzüglich dem Kaiserlich-Russischen Herrn Artillerielieutenant Pistollkof, welcher das Feuer seines Geschützes so zweckmäßig dirigirt hat, seinen Dank und seine Achtung auszudrücken. . . . . .

Angenehm würde es dem Herrn General gewesen sein, wenn es den Truppen des rechten Flügels, welche Bullenhausen und Moordamm besetzt haben, vorgestern ebenso gelungen wäre, den Angriff des Feindes mit Kraft und Ausdauer zurückzuweisen, und dadurch den unglücklichen Einwohnern, die leider durch das zu frühe Zurückgehen jener Truppen auf das Grausamste geplündert sind, ihr Eigenthum zu erhalten. Er hofft, daß das rühmliche Beispiel des Bataillons Lüneburg solche bei ähnlichen Gelegenheiten zur Nacheiferung auffordern werde. A. v. Berger, Oberstlieutenant und Generaladjubant."

Am 4. April wurde das Bataillon auf den äußersten Vorposten durch das Bataillon Grubenhagen (Harzer Schützen) abgelöst und etwas weiter zurück nach Francop und Neuenfelde in Quartiere gelegt, gab jedoch täglich eine Compagnie zum Piquet in Moorburg und alle zwei Tage zwei Compagnien nach Altenwerder. Mittags machte der Feind wieder einen Ausfall gegen Moorburg, der wie am 1. desselben Monats abgewiesen wurde, wobei vom Bataillon einige Compagnien in's Gefecht kamen. Der Divisions-Commandeur bezeugte von Neuem seine Zufriedenheit mit dem braven Benehmen der Truppen.

Da der bisherige Brigadier, Oberstlieutenant Martin, zur Organisirung einer Division Landwehr von 12 Bataillonen abcommandirt war, so wurde am 5. April Oberstlieutenant v. Klencke, welcher bis dahin bereits interimistisch die Brigade befehligt hatte, nunmehr zum „Commandeur der Churhannoverschen leichten Brigade" ernannt; das Commando des Bataillons ging an den Major v. Obernitz über.

Die kriegerischen Vorgänge der letzten Zeit, die Zusammenziehungen der Truppen, die Besorgnisse vor ernsten Unternehmungen des belagerten Feindes, hatten inzwischen den Abmarsch der hannoverschen Blokade-Truppen nach den Niederlanden immer hinausschieben lassen. Noch am 10. April versagte General Bennigsen die Genehmigung zu ihrem Abrücken und erst gegen Mitte des Monats, nachdem russische Truppen die Einschließung Harburgs übernommen hatten, brachen die hannoverschen 7 Bataillone, 8 Schwadronen und 6 Geschütze nach den Niederlanden auf. Das Bataillon marschirte am 13. von Francop ab. Die Infanterie-Division des Generals Lyon wurde zunächst nach Bremen geführt, wo die Bataillone, da die am 31. März durch den Einzug der Verbündeten in Paris herbeigeführte Beendigung des Krieges für den Augenblick ihre Verwendung in den Niederlanden nicht dringend erforderlich machte, vorläufig Cantonnements bezogen.

6. Eintheilung der hannoverschen Infanterie vom 25. Januar 1814. Vom Abmarsche des Bataillons von der Blokade Harburgs bis zum Feldzuge von 1815. [1])

Nachdem im Laufe des Jahres 1813 zu den zuerst formirten 6 noch 3 Feldbataillone hinzugekommen und mit dem Schlusse desselben Jahres und mit dem Beginn des Jahres 1814 die Errichtung von 30 Landwehrbataillonen angeordnet, bezw. zur Ausführung gebracht, dadurch aber die Anzahl der Infanterie-Bataillone, einschließlich des Feldbataillons Hildesheim, dessen Formirung nur projectirt und noch nicht ausgeführt war, auf 40 kam, so wurden die Bataillone in der Art zusammengelegt und regimenterweise eingetheilt, daß je ein Feld- und 3 Landwehrbataillone ein Regiment bildeten, in welchem das Feldbataillon die Nummer 1 führte.

Die Zusammensetzung der Regimenter war folgende:

Regt.	1. Batl.	2. Batl. Landwehr.	3. Batl. Landwehr.	4. Batl. Landwehr.
1. Bremen:	Bremen u. Verden,	Otterndorfer,	Stader,	Bremervörder.
2. Verden:	v. Bennigsen,	Verdener,	Bremerleher,	Harburger.
3. Hoya:	v. Langrehr,	Hoyasche,	Nienburger,	Diepholzer.
4. Osnabrück:	Gerber,	Osnabrücker,	Quackenbrücker,	Iburger, später Meller.
5. Lüneburg:	v. Klencke,	Lüneburger,	Cellesche,	Gifhorner.
6. Lauenburg:	v. Berger,	Ratzeburger,	Bentheimsche,	Lüchowsche.
7. Calenberg:	v. Hedemann,	Hannoversche,	Hamelnsche,	Neustädter.
8. Hildesheim:	noch nicht errichtet,	Hildesheimer,	Uelzener,	Peiner.
9. Grubenhagen:	v. Beaulieu oder Harzer Schützen,	Alfelder,	Goslarer, spät. Salzgitter,	Springer.
10. Göttingen:	Hann. Jäg.-Corps,	Osterober,	Mündener,	Nordheimer.

---

[1]) Standorte rc. des Bataillons: 16. April 1814 — 13. Juni Bremen, 14. — 23. Oberneuland, 24. Juni — 8. Juli Delmenhorst, 9. Ottersberg, 10. Rotenburg, 11. Tostedt, 12. Juli — 19. Aug. Harburg, 20. Welle, 21. Soltau, 22.—23. Walsrode, 24. Rethem, 25. Rienburg, 26.—27. Uchte, 28. Diepenau, 29. Essen, 30.—31. Osnabrück, 1. Septbr. Ippenbühren, 2. Rheine, 3.—4. Uchtrop, 5. Enschede, 6. Borkeloh, 7.—8. Dortinchem, 9. Arnheim, 10. Ravenstein, 11. — 12. Schyndel, 13. — 14. Virshot, 15. Neuenhaus, 16. Schelde, 17. Septbr. — 17. März 1815 Antwerpen.

Mit dem, 1. Februar 1814 hörte das frühere Verhältniß der hannoverschen Formationen zu England auf; sie traten aus englischen in hannoverschen Sold über und legten statt der englischen die hannoverschen Feldzeichen an.

In Folge der starken Abgänge, welche die Bataillone in den beschwerlichen Feldzügen seit einem halben Jahre gehabt hatten und die man, bei dem durch die Errichtung so vieler neuer hannoverscher Truppen eingetretenen außerordentlich großen Bedarf an Mannschaft, zu decken keine Aussicht hatte, erschien es nöthig, bei allen Feldbataillonen eine Reduction der Zahl der Compagnien eintreten zu lassen, und es wurden deshalb auf Befehl des General-Gouvernements vom 31. März 1814 am 1. Mai zu Bremen die 7. und 8., als die jüngsten Compagnien des Bataillons, aufgelöst und zur Verstärkung des Mannschafts-Bestandes der übrigen Compagnien an diese vertheilt. Die überzähligen Officiere und Unterofficiere traten zum Depot über. Die Bataillone sollten bei dieser Reduction ungefähr 800 Feuergewehre stark bleiben.

Während des Aufenthalts in Bremen trat die auffallende Erscheinung ein, daß Desertion in ungewöhnlichem Maße überhand nahm. Der Grund davon lag theils darin, daß diejenigen Leute, welche in Dienst getreten waren, weil bürgerlicher Erwerb in der Zeit des Krieges ganz darniederlag, sich nunmehr, nachdem der Friede diese Verhältnisse wesentlich geändert hatte, in die Heimath und in ihre häuslichen Verhältnisse zurück sehnten und, sich bei der Fahne jetzt für unnütz haltend, den Augenblick nicht erwarten konnten, wo sie, der abgeschlossenen Capitulation gemäß, den Abschied verlangen konnten; theils lag der Grund der Desertion in der Besorgniß, die sich verbreitet hatte, daß die Truppen in dem noch nicht beendigten Kriege zwischen England und Amerika gebraucht und nach Amerika eingeschifft werden sollten. Alle Bemühungen der Vorgesetzten, diesem Gerüchte entgegenzutreten, alle Zusicherungen einer genauen Innehaltung der Capitulation von Seiten der Regierung und selbst die ernstesten Maßregeln und Strafandrohungen konnten bei allen Corps diesem Uebel nur theilweise steuern.

Doch die Zeit, für welche die Capitulation abgeschlossen war, lief ab und der Augenblick der Entlassung der Mannschaft nahte. Da nun neue politische Verhältnisse britischerseits die Aufstellung einer imponirenden Heeresmacht in den Niederlanden wünschens- werth machten und nach Maßgabe des Subsidien-Vertrages zwischen England und Hannover von Seiten des Lord Lynedoch, des briti- schen Commandirenden in den Niederlanden, beim hannoverschen Gouvernement die Anzeige einlief, daß er in Kurzem mehrere Bri- gaden der hannoverschen Infanterie an sich ziehen werde, so erschien es nothwendig, von der Mannschaft der Feldbataillone so Viele wie möglich zum Fortdienen in ihrem Corps zu bewegen. Neben dem Befehl zur Entlassung derjenigen Leute, welche laut ihrer Capi- tulation 3 Monate nach Abschluß des Friedens ihre Entlassung verlangen könnten und würden, wurde demnach den Commandeuren die Weisung ertheilt, Alles aufzubieten, um sie zum Weiterdienen zu bewegen und es wurde der sich aufs Neue zum Dienst verpflich- tenden Mannschaft ein Handgeld von anderthalb Louisb'ors für die Uebernahme einer 7jährigen und von einem Louisb'or für eine 5jäh- rige Dienstzeit zugesagt.

In Gemäßheit dieser Befehle wurden am 4. Juli 1814 14 Unterofficiere, 2 Hornisten und 398 Mann, welche ihren Ab- schied forderten, vom Bataillon entlassen; 25 Unterofficiere, 12 Hor- nisten und 361 Mann blieben im Dienst und wurden nach dem neuen für die Bataillone festgestellten und nachstehend mitgetheilten Etat zu 4 Compagnien formirt:

Stab.

1 Oberst,	2 Aide-Chirurgen,
1 Oberstlieutenant,	1 Musikmeister,
1 Major,	1 Batl.-Tambour,
1 Adjudant,	1 Stockenknecht.
1 Oberwundarzt,	

4 Compagnien à

1 Capitain,	5 Corporale,
2 Lieutenants,	2 Tambours,
2 Fähnrichs,	10 Schützen,
1 Feldwebel,	140 Soldaten.
2 Sergeanten,	

Nach diesem Etat sollte das Bataillon also an Gemeinen einschließlich der Schützen 600 Mann zählen. Die Officiere, welche in dem
neuen Etat keinen Platz fanden (und zwar die jüngsten jeden
Grades mit der Erlaubniß zu tauschen), traten vorläufig zum Depot
über und sollten allmälig nach Bedürfniß ins Bataillon einrangirt
oder zu anderen, namentlich Landwehrbataillonen versetzt werden.

Die Vertheilung der Officiere des Bataillons war in nächster
Zeit folgende: Commandeur: Oberstlieutenant v. Klencke. Major
v. Obernitz; Adjubant: Fähnrich v. Pentz; Regiments-Quartiermeister: Capitain Kuckuck; Oberwundarzt: Dr. Karsten. 1. Compagnie: Capitain v. Bobarth, Lieutenants Selig und Volger, Fähnrichs v. Plato und v. Hamelberg; 2. Compagnie: Capitain v. Dachenhausen, Lieutenants Brandt und Ritter, Fähnrichs v. Weyhe und
v. Borch; 3. Compagnie: Capitain Rall, Lieutenants Stegmann,
Creydt und v. Plato, Fähnrich Schaumann; 4. Compagnie: Capitain Korfes, Lieutenants v. Borries und Collmann, Fähnrichs
Wyneken und Sachse.

Zum Depot traten vorläufig über: die Capitains v. Roden,
Jacobi und Nolte, Lieutenants Meyer, Horstmann, v. Duve, Koch,
v. Maydell u. Flügge.

Beim Oberstlieutenant v. Klencke, welcher das Commando
einer Brigade bis zum Frühjahr 1815 behielt, wurde bald nach
diesem der Capitain Jacobi als Oberadjubant angestellt, er
mußte jedoch bis November 1814 beim Depot in Lüneburg bleiben, weil er ein Detachement Ersatzleute von pt. ppt. 200 Mann
für verschiedene Corps nach Brabant zu führen hatte. Als Ober-

abjudant blieb derselbe stets im Etat des Depots und bezog Friedens-Gage, auch noch als im Mai 1815 die Brigade v. Klencke aufhörte und der General v. Alten befahl, daß er die durch gleichzeitige Beförderung des Capitains v. Dachenhausen zum Major — für v. Obernitz, welcher im Herbste 1814 seine Entlassung nahm — erledigte 2. Compagnie übernehmen solle. Diese wurde von ihm unter denselben Verhältnissen während des Feldzugs commandirt; nachdem in letzterem zwei Capitains geblieben waren, erhielt er sie definitiv. Der Capitain v. Roden, welcher für den Major v. Dachenhausen ins Bataillon versetzt wurde, kam erst im Herbste bei demselben an. — Der Capitain v. Dachenhausen befehligte vom Herbst 1814 bis Mai 1815 das Bataillon als interimistischer Commandeur. Der Lieutenant v. Duve wurde noch im Herbst 1814 ins Bataillon zurückversetzt. Die übrigen auf den Depot gesetzten Officiere wurden, mit Ausnahme des Lieutenants Meyer, welcher als Feldauditeur nach Brabant abging und des Lieutenants Horstmann, welcher zu anderen Diensten verwandt und bald darauf pensionirt wurde, zu anderen Corps versetzt.

Da an dem Etat der Mannschaft eine große Zahl fehlte, so ging das Bataillon nicht mit den übrigen Bataillonen der Division, mit denen es in Bremen und Umgegend zusammen gelegen hatte, nach den Niederlanden ab, sondern marschirte am 9. Juli nach Harburg, completirte sich daselbst vornehmlich durch transferirte Mannschaft anderer Bataillone, brach am 20. August von dort auf und kam am 17. September in Antwerpen an, wo es den Winter über blieb.

In disciplinärischer Hinsicht sei bemerkt, daß am 16. Juli 1814 während des Aufenthalts in Harburg körperliche Züchtigung der Soldaten „ohne vorheriges Kriegsverhör" untersagt wurde; zugleich wurde jedoch zur besseren Aufrechterhaltung der Disciplin eine zweite Classe eingeführt, in welche die Soldaten durch Erkenntniß des Bataillons-Commandeurs wegen ihres Betragens im Allgemeinen, oder wegen eines besonderen Vergehens versetzt werden konnten; eine solche Versetzung mußte öffentlich vor dem Bataillone bekannt gemacht werden. Einen in der zweiten Classe befindlichen Mann konnte der Capitain „bei jedem Vergehen auf das Nachdrücklichste bestrafen", die übrigen Officiere und der älteste Unterofficier der Compagnie konnten ihm jedoch höchstens sechs Stockschläge geben oder geben lassen. Eine Rückversetzung in die erste Classe konnte auf Grund eines Zeugnisses des Capitains und von fünf Compagnie=Cameraden beim ersten Male nach drei Wochen, beim zweiten Male nach sechs Monaten, beim dritten Male überhaupt gar nicht stattfinden.

Antwerpen war, außer mit zwei englischen, mit drei hannoverschen Brigaden belegt: 1. leichte Brigade, Oberstlieutenant Gerber (Bataillone Bremen, Herzog von York, Grubenhagen); 2. leichte Brigade, Oberstlieutenant August v. Klencke (Bataillone Lüneburg, v. Bothmer (aus je 2 Compagnien der Bataillone Hoya und Verden zusammengelegt), Landwehrbataillon Salzgitter); 2. Linien= Brigade, Oberstlieutenant Leopold v. Klencke (Landwehrbataillone Hameln, Hildesheim, Peine, Gifhorn). Die Brigaden Gerber und August v. Klencke machten zusammen die 1. leichte Infanterie=Division des Generalmajors Grafen v. Kielmansegge aus.

Das Bataillon lag vom 2. October bis 29. December auf der Citadelle, wurde dann wieder in die Stadt hinunter gelegt, theilweise in die Caserne maison de Hesse, theilweise in Quartiere.

Inspicirt wurde es während seines Aufenthalts in Antwerpen und im Frühjahr 1815 von dem Generallieutenant Clinton, dem Generallieutenant v. Alten (1. November 1814), dem Generalmajor Graf Kielmansegge (20. December 1814), dem Obersten v. Vincke (2. Januar 1815), Generalmajor Graf Kielmansegge (1. April 1815), Generallieutenant v. Alten (7. April 1815), Herzog v. Wellington (18. April 1815), Prinz v. Oranien (28. Mai 1815).

7. Feldzug von 1815 und Vorbereitungen zu demselben [1]).

Die am 8. März in Antwerpen eintreffende Nachricht, daß Napoleon von Elba entflohen und in Frankreich gelandet sei, brachte mit der Aussicht auf neue kriegerische Thätigkeit rasch Leben und Bewegung in die Truppen. Die leichte Division verließ Antwerpen, um sich der französischen Grenze zu nähern, jeder Mann mit 60 Patronen versehen, 60 Reserve-Patronen auf dem Munitionswagen des Bataillons.

Am 18. März marschirte die Brigade v. Klencke nach Mecheln, am 19. nach Brüssel, am 20. nach Hal, am 21. nach Enghien, am 22. nach Chièvres, Ath und Lens, wo sie bis zum 3. April blieb.

Am 7. April kam das Bataillon mit der Brigade nach Mons, blieb hier bis zum Schlusse des Monats und stellte Vorposten gegen die Grenze aus, an welcher entlang zur raschen Allarmirung und Zusammenziehung der Truppen Fanale aufgerichtet waren.

Der Herzog v. Wellington traf in den Niederlanden ein und übernahm am 11. April den Oberbefehl über das vereinigte Heer.

In Folge der Anfang Mai vorgenommenen Eintheilung der Armee zerfiel diese in das 1. Armee-Corps unter dem Prinzen von Oranien, das 2. Armee-Corps unter dem Generallieutenant Lord Hill, die Reserve-Cavallerie unter Lord Urbridge, die Armee-Reserve incl. des Corps des Herzogs von Braunschweig und des nassauischen Contingents, und das hannoversche Reserve-Corps unter dem Generallieutenant v. b. Decken, welches zur Besatzung der Festungen

---

[1]) Standorte ꝛc. des Bataillons: 1815 März 18. Mecheln, 19. Brüssel, 20. Hal, 21 Enghien, 22. bis April 3. Chièvres, 4.—6. Brügelette, 7.—29. Mons, 30. — Mai 9. Chièvres, 10. Soignies, 11.—29. Steenkerk, 30. — Juni 11. Casteaur, 12.—14. Maunn St. Pierre, 15. Soignies, 16. Pierremont (Biv.), 17. Mont St. Jean (Biv.), 18. Brüssel, 19. Soigne (Biv.), 20. Binch (Biv.), 21. Bavay (Biv.), 22.—23. Bois de Morma (Biv.), 24. de Câteau, 25. Serain, 26. Caulaincourt (Biv.), 27. Bressy (Biv.), 28. Boulogne (Biv.), 29. Basaincourt (Biv.), 30. Senlis (Biv.), Juli 1.—4. Aulnay (Lager), 5. Bouvigniers, Juli 6. bis October 30. Bois de Boulogne (Lager).

verwandt wurde. (Letzteres stand in hannoverschem, die übrigen hannoverschen Truppen als englisches Hülfscorps in englischem Solde).

Das (1.) Corps des Prinzen von Oranien (Hauptquartier Braine le Comte) bestand aus 5 Divisionen: 1. Division: Generalmajor Cooke (englische Garden), Hauptquartier Enghien; 3. Division: Generallieutenant v. Alten (5. englische Brigade Generalmajor Colin Halkett, 2. Brigade der Königlich=Deutschen Legion Oberst v. Ompteda, 1. hannoversche Brigade Generalmajor Graf Kielmansegge), Hauptquartier Soignies; 2. holländisch=belgische Division: Generallieutenant Perponcher, Hauptquartier Nivelles; 3. holländisch=belgische Division: Generallieutenant Chassé, Hauptquartier Roeulx; und die holländisch=belgische Caval= lerie=Division Collaert, Hauptquartier Mons. Das Armee= Corps bildete den linken Flügel der alliirten Armee, lehnte sich links an die Straße von Brüssel nach Charleroi und hielt Verbindung mit dem rechten Flügel der preußischen Armee; die Brigade des Prinzen Bernhard von Sachsen=Weimar von der Division Per= poncher bildete den äußersten linken Flügel und stand in Frasne, Quatrebras und Genappe. — Das Bataillon Lüneburg gehörte zur Brigade Kielmansegge, welche einen Theil der Division des Gene= rallieutenants v. Alten ausmachte und am 28. April durch Zu= sammenlegung der bisherigen Brigaden Gerber und August v. Klencke zu einer „der 1. hannoverschen" Brigade[1]) von 6 Bataillonen ge-

---

[1]) Durch General=Ordre d. d. Gent 1815 März 17. war über die Ein= theilung der hannoverschen Infanterie vom General v. Alten Folgendes bestimmt: die 1. Brigade, Oberstlieutenant Gerber und die 2. Brigade Oberstlieutenant Aug. v. Klencke bilden die leichte Division des Generalmajors Graf Kielmansegge, die 3. Brigade, Oberst Halkett und die 4. Brigade Oberst Best, bilden die 1. Division des Generalmajors Lyon, die 5. Brigade Oberstlieutenant Leopold v. Klencke und die 6. Brigade, Oberst v. Berger, bilden die 2. Division des Obersten v. Vincke. Am 28. April wurden diese Divisionen in Brigaden um= gewandelt, in welchen die bisherigen Brigaden als Halbbrigaden in einem beson= dern etwas engern Verbande blieben. Unter den Commandirenden trat bis zur Schlacht noch mehrfacher Wechsel ein.

bilbet war. Die Reihefolge dieser Letzteren in der Schlachtordnung war folgende: 1. Bataillon Bremen, 2. Verden, 3. Herzog von York, 4. Feldjäger=Corps (das Bataillon Salzgitter war zur Brigade Hugh Halkett versetzt), 5. Grubenhagen, 6. Lüneburg. Anfang Mai wurde die Brigade in die Nähe von Soignies verlegt; wegen der ungleichen Entfernung von diesem Ort, wo sich das Hauptquartier der Division befand, und von den großen Uebungsplätzen, wurde mit den Quartierständen der Bataillone ab und an gewechselt. Oberstlieutenant v. Klencke übernahm wieder das Commando des Bataillons.

Das (2.) Armeecorps des Generallieutenants Lord Hill (Hauptquartier Ath) bildete den rechten Flügel der alliirten Armee und stand um Ath, Lens, Oudenarde und Gent.

Die Reserve=Cavallerie stand um Grammont und Ninove mit vorgeschobenen Abtheilungen bei Tournay und Ypern, die Armee=Reserve in und rückwärts von Brüssel.

Die Ausdehnung der Armee in Front und in Tiefe war demnach eine bedeutende und betrug nach beiden Richtungen ungefähr 10 deutsche Meilen.

In den ersten Tagen des Mai wurde vom General=Commando befohlen, daß die Truppen mit einem eisernen Vorrath von Schiffszwieback auf 4 Tage versehen werden, daß jeder Mann bei jedem Ausrücken für zwei Tage Lebensmittel bei sich führen und daß für jeden Mann eine wollene Decke geliefert, dafür aber die Chenillen abgenommen werden sollten. Ferner wurden zur Ausbildung im Scheibenschießen 10 Patronen auf den Kopf bewilligt, diese Zahl jedoch einige Tage später wegen Mangels an Munition auf 1500 „zur Ausbildung der ganz Ungeübten" herabgesetzt. Da die Truppen so weit concentrirt lagen, daß ohne unverhältnißmäßigen Zeitaufwand bedeutendere Massen zusammengezogen werden konnten, so wurden jetzt oft größere Uebungen auf den Ebenen von Soignies und bei Casteaur angestellt. Die Manövrirfähigkeit der Truppen wurde dadurch wesentlich und merklich gefördert.

Zur Eröffnung des Feldzuges bestimmte Napoleon den 15. Juni; Schlacht bei Quatrebras, den 16. Juni. rasch und mit meisterhafter Geschicklichkeit hatte er in den Tagen vorher sechs Infanterie= und vier Cavalleriecorps, welche bis dahin in dem nördlichen Frankreich zerstreut gestanden hatten, so concentrirt, daß eine Armee von 128,000 Mann am 14. Juni zwischen der Sambre und Maas, Charleroi gegenüber, unter seinem unmittelbaren Befehle versammelt war.

Am 15. mit dem ersten Anbruch des Tages bricht er mit dem Centrum und dem rechten Flügel seiner Armee gegen die ihm dicht gegenüberstehenden preußischen Vorposten vor, wirft sie zurück und folgt dem Feldmarschall Blücher, welcher langsam in die Stellung von Sombreffe zurückweicht und dieselbe am Abend des 15. und am Morgen des 16. mit drei Armeecorps besetzt, bis Fleurus nach. Gleichzeitig entsendet er den linken Flügel seiner Armee unter Marschall Ney auf der über Gosselies und Genappe nach Brüssel führenden Straße zu dem Zweck, die Verbindung der beiden alliirten Heere zu durchbrechen und ihre Vereinigung unmöglich zu machen.

Als der Herzog von Wellington in seinem Hauptquartiere zu Brüssel im Laufe des 15. die ersten Meldungen von dem Vorbrechen des Feindes gegen die preußische Armee und gegen seinen linken Flügel erhält, ist er geneigt, diesen Angriff als ein Scheinmanöver anzusehen, welches den gegen seinen rechten Flügel vermutheten wahren Angriff zu verdecken bestimmt sei. Er beschränkt sich deshalb darauf, Abends 8 Uhr die divisionsweise Zusammenziehung der Truppen anzuordnen. Diese Ungewißheit schwindet in Folge der weiteren Nachrichten jedoch mehr und mehr, und 11 Uhr Abends befiehlt der Herzog die sofortige Concentrirung der beiden Armee=Corps und der Cavallerie nach links hin, sowie das Vorgehen der Reserve mit Anbruch des folgenden Tages auf der Chaussee von Brüssel nach Charleroi; das 2. Armee=Corps und die Reserve=

Cavallerie sollen auf Enghien (nach späterem Befehle auf Braine le Comte) marschiren, das 1. Armee-Corps sich bei Nivelles sammeln.

Diese Befehle nicht abwartend, concentrirt der Prinz Bernhard von Sachsen-Weimar, als er den Feind sich gegenüber sieht und dessen Absicht, auf Brüssel und in die rechte Flanke der Preußen zu operiren, erkennt, am Nachmittage des 15. Juni seine Brigade von 5 Bataillonen und 8 Geschützen zwischen Quatrebras und Frasne auf der Straße von Brüssel; General Perponcher, in richtiger Würdigung der Verhältnisse, billigt diese Maßregel und bricht ebenfalls ungeachtet des ihm Nachts 1 Uhr zugehenden entgegengesetzten Befehls, welcher Nivelles als Sammelpunkt vorschreibt, mit der andern Brigade (Bylandt) seiner Division gegen Quatrebras auf, wo er sich am 16. Morgens 4 Uhr mit dem Prinzen Bernhard vereinigt. So ist dem Vordringen des Feindes auf der großen Straße nach Brüssel der erste, wenn auch schwache Riegel vorgeschoben.

Der Prinz von Oranien, welcher um 6 Uhr bei Quatrebras ankommt, übernimmt das Commando und die weiteren Anordnungen in Person. Seine Streitkräfte betragen ungefähr 7000 Mann und 16 Geschütze, er besetzt damit den Wald von Bossu und den Pachthof Grand Pierrepont; den linken Flügel schiebt er über den Pachthof von Gemioncourt zwischen der Chaussee nach Brüssel und dem Weiler Piermont in ungefährer Höhe mit Letzterem vor. So erwartet er den Angriff des Marschalls Ney, welchen dieser Nachmittags 2 Uhr mit 18,000 Mann und 38 Geschützen beginnt.

Die dünne Linie des Prinzen von Oranien vermag der Uebermacht des Feindes nicht lange zu widerstehen; nach harter Anstrengung und lebhaftem Widerstande wird sie zurückgedrängt, und der Prinz ist in Gefahr, auf die nach Nivelles führende Straße zurückgeworfen zu werden, damit aber die Straße nach Brüssel, die Berührungslinie der beiden alliirten Armeen zu verlieren. Doch das

Eintreffen der Division Picton und des Corps des Herzogs von Braunschweig aus der Armee-Reserve, sowie das der Cavallerie-Brigade v. Merlen von der Division Collaert auf dem Schlachtfelde um 3 Uhr, und etwas später das des Naffauschen Contingents bringt ihm Hülfe und stellt das Gefecht her. Allein auch Ney verstärkt sich durch Cavallerie und Artillerie, seine Reiterei beträgt 5000 Mann; sein Uebergewicht an dieser Waffe wird um so fühlbarer, als die junge und weit schwächere Reiterei der Verbündeten (Niederländer und Braunschweiger) nicht im Stande ist, vor jener das Feld zu behaupten und aus dem Gefecht zurückgezogen werden muß. Die Verluste der verbündeten Truppen (über welche seit 3 Uhr der Herzog von Wellington den Oberbefehl selbst übernommen hat) sind groß, die Fortschritte des Feindes bedeutend, schon haben die niederländischen Truppen, welche sich zu Anfang der Schlacht mit Muth vertheidigten, erschüttert durch die erlittenen Verluste, größtentheils das Schlachtfeld verlassen, auf den Briten, Hannoveranern und Braunschweigern ruht allein die ganze Last des Kampfes, nur mit Mühe erwehren sie sich der wüthenden, fort und fort wiederholten Angriffe der Cavallerie, schon bereitet sich der Marschall vor, nachdem er die Infanterie nach seinen Flügeln gezogen hat, — die Mitte durch seine zahlreiche Cavallerie deckend — in gleichzeitigem Angriff auf beide Flügel der Verbündeten, diese zurückzudrängen und von beiden Seiten die Straße von Brüssel, die Rückzugslinie Wellingtons, zu fassen — der Moment ist kritisch, da, um 6 Uhr, rücken die Brigaden Halkett und Kielmansegge der Division Alten in die Schlachtlinie ein und gebieten dem Fortschreiten des Feindes Halt.

Dem Befehle des Oberfeldherrn gemäß ist die Division Alten am 16. Morgens 3 Uhr von Soignies aufgebrochen, um über Braine le Comte nach Nivelles zu marschiren. Von Braine le Comte geht der Marsch auf Landwegen; die Erde ist Staub, die Sonne glüht, die Hitze ist zum Ersticken; auch das wellenförmige

Terrain verurſacht öftere Stockungen. Befehle beſchleunigen den Marſch; Einzelne bleiben zurück, doch die Ordnung des Marſches wird nirgends unterbrochen, ſämmtliche Officiere marſchiren an ihren Zügen. Gegen Mittag kommt die Diviſion in Nivelles an und bivouakirt hier dem Concentrirungsbefehle gemäß; die Leute fangen an abzukochen, doch ehe dieſes beendigt iſt, läuft um 3 Uhr der Befehl ein, die Bewegung vorwärts auf Quatrebras fortzuſetzen. Nach dreiſtündigem Marſche erreichen die beiden Brigaden (die dritte iſt detachirt) das Schlachtfeld; obgleich ſeit dem frühen Morgen auf dem Marſche, gehen die Truppen ſogleich in's Gefecht. Bei Quatrebras angekommen ſchwenkt die Brigade Halkett rechts und geht zwiſchen dem Walde von Boſſu und der Straße von Brüſſel nach Charleroi gegen den rechten Flügel der Franzoſen vor. Die Brigade Kielmansegge bleibt im Marſche auf der Straße von Nivelles, um dem bedrohten äußerſten linken Flügel Hülfe zu bringen. Sie iſt links abmarſchirt, das Bataillon Lüneburg alſo an der Tete. Während ſie ſich nach dem ihr angewieſenen Aufſtellungspunkt begiebt, iſt ſie dem unausgeſetzten Feuer von 30 Geſchützen auf den gegenüberliegenden Höhen ausgeſetzt, auch empfängt der Feind, welcher ſich bereits an der Chauſſee in der Höhe von Piermont feſtgeſetzt hat, die Spitze der Colonne mit einem heftigen Gewehrfeuer; doch General Kielmansegge ſetzt, den Kugelregen nicht achtend, ſeinen Marſch entſchloſſen fort, der franzöſiſchen Infanterie, welche bereits auf der Niveller Straße vorwärts bringt, ſendet er das Feldbataillon Lüneburg in zerſtreuter Ordnung entgegen; dieſes ſtürzt ſich, gemeinſchaftlich mit dem 95. britiſchen und dem braunſchweigſchen 2. leichten Bataillon, denen die Deckung des linken Flügels bis dahin anvertraut geweſen war, auf den Feind und drängt ihn nach wüthendem Kampfe auf Piermont zurück. Dann wird das Bataillon beordert, den Weiler Piermont zu nehmen; mit Entſchloſſenheit führt es auch dieſen Befehl aus, wirft den Feind, obgleich er dem Angriffe heftigen Widerſtand entgegenſetzt und ſich mit Ausdauer behauptet, aus dem Weiler hinaus, besetzt diesen, behauptet — ganz en debandade fechtend — seine Stellung gegen alle Versuche des Feindes, sie wieder zu nehmen und vertreibt ihn selbst mehre Male aus dem nahe liegenden Walde von la Hutte.

Auch am rechten Flügel ist nach heftigem Kampfe, in welchem die Brigade Halfett schwer gelitten, die alliirte Armee — durch die Ankunft britischer Garden weiter verstärkt — siegreich gewesen. Der Feind ist auf allen Seiten zurückgedrängt; um 9 Uhr ruht der Kampf. Ney zieht seine Truppen zurück, concentrirt sie auf den Höhen bei Frasne und sichert sich durch Ausstellung einer starken Vorposten= linie. Die Stellung der verbündeten Armee um diese Zeit ist folgende: der rechte Flügel (englische Garden) hält das Südende des Waldes von Bossu besetzt und lehnt sich an einen Weg, welcher von dem Dorfe Wattemez nach Bonterlez führt; die Mitte (Brigaden Hal= fett, Pack und Kempt) steht bei Gemioncourt, dem Laufe des Baches entlang, der von dort ostwärts fließt, bis an den von letzterem ge= bildeten Teich; der linke Flügel (Brigade Kielmansegge, 95. Regi= ment, 2. leichtes braunschweigsches Bataillon) ist vorgebogen und hält das Terrain zwischen dem Teiche und Piermont und diesen Ort besetzt, er lehnt sich an den Weg, welcher sich zwischen dem Dorfe und dem Holze be la Hutte in der Richtung auf Sart Dame Avelines hinzieht.

Ein nassauisches Bataillon der Brigade Weimar, das braun= schweigsche Corps, die Brigade Best und ein Theil der Brigade Kielmansegge stehen in zweiter Linie, die holländischen Brigaden Bylandt und v. Merlen hinter Quatrebras.

Das Bataillon hatte theils auf dem Marsche, theils im Ge= fechte siebzehn Stunden zugebracht und war kaum im Stande ge= wesen, außer einigem trockenen Schiffszwieback Nahrung zu sich zu nehmen; daß die Kräfte deshalb in hohem Grade erschöpft waren, ist sehr erklärlich. Auf den Vorposten, welche das Bataillon noch spät Abends bezog, wurde es vor Mitternacht durch das Bataillon Grubenhagen abgelöst.

Vom Bataillon waren an diesem Tage getödtet: Capitain Korfes und 7 Unterofficiere und Gemeine; [1] verwundet: Lieutenant Volger und Fähnrich v. Weyhe (schwer), Lieutenant v. Plato und Fähnrich Sachse (leicht) und 52 Unterofficiere und Gemeine, außerdem wurden 7 Mann vermißt.

Das ganze Bataillon hatte sich im Gefechte brav benommen; folgende Züge frischen thätigen Eifers Einzelner sind uns aufbewahrt:

Der Lieutenant Volger wird, auf dem Flügel seines Pelotons marschirend, als das Bataillon auf der Chaussee avancirt, in den rechten Arm verwundet; er verweilt nur einen Augenblick, um sich nothdürftig verbinden zu lassen und kehrt, seinen Capitain (Jacobi) — welcher inzwischen an die Tete geeilt war, um den verlassenen Platz einzunehmen — ablösend, alsbald auf seinen Posten zurück, wo er durch sein Beispiel die Leute kaum aufgemuntert hat, des heftigen Kanonenfeuers ungeachtet mit Ordnung vorzurücken, als er einen zweiten Schuß in das Bein erhält, in Folge dessen er zurückgetragen werden muß. [2]

Der Fähnrich Sachse, damals erst sechszehnjährig, erhält, als er dem ganz en debandade fechtenden Bataillon gerade eine Tonne Munition selbst herbeiträgt, durch einen Schuß eine so starke Contusion am linken Arme, daß ihn der Generalmajor Graf Kielmansegge, um sich rückwärts auf der Chaussee verbinden lassen zu können, auf einem seiner eigenen Handpferde zurückschickt; obgleich ihn die erlittene Contusion durchaus hospitalfähig gemacht hätte und unge-

---

[1] Feldwebel Gumpert der 3., Soldaten Bohnwinkel, Hohlbohm, Winkelmann der 1., Schütz Drengemann der 2., Ritterbusch der 3., Schips der 4. Compagnie.

[2] Wurde wegen Quatrebras im Decbr. 1816 auf Vorschlag des Capitels zum Ritter des Guelphen-Ordens ernannt.

achtet des Zuredens der Aerzte sowohl wie der Kameraden, welche die Unmöglichkeit erkennen, mit seinem dickgeschwollenen Arme Dienst zu thun, kehrt Sachse sofort in's Gefecht zurück und erwirkt sich die Erlaubniß dort zu bleiben vom Grafen Kielmansegge, welcher solches anfangs nicht zugeben will, durch sein dringendes Bitten und die Erklärung, daß seine Kräfte dazu noch ausreichen; erst am folgenden Tage läßt er sich bestimmen, sich nach Antwerpen zurückbringen zu lassen. [1])

Dem Corporal Adolph Friedrich Parrhysius der 2. Compagnie, 19 Jahr alt, aus Bleckede, welcher am Beine verwundet worden, wurde, da die Blessur tief und beim Gehen sehr schmerzhaft und hinderlich war, auch gefährlich werden konnte, erlaubt, in's Hospital zu gehen, dessenungeachtet kehrte er, sobald er verbunden war, zur Compagnie zurück, macht die Schlacht bei Waterloo mit und mar= schirt mit dem Bataillon bis nach Paris, wo er erst im Lager völlig geheilt wird. [2])

Dem Schütz Conrad Freitag der 3. Compagnie, 20 Jahr alt, aus Felsberg im Churhessischen, drang beim Tirailliren eine Flinten= kugel durch die Backe und einen Theil des Halses; er verließ jedoch das Schlachtfeld nicht, sondern blieb, ungeachtet alles Zuredens seiner Vorgesetzten und Kameraden, um ferneren Theil am Gefechte zu nehmen, bis eine zweite Kugel ihm durch das Bein geschossen wurde. [3])

Der Soldat Johann Seifert der 2. Compagnie, 32 Jahr alt, aus Homburg im Hessischen, wurde durch einen Schuß am Halse verwundet; dem ungeachtet blieb er, nothdürftig verbunden, nicht

---

[1]) Wurde wegen dieses seines Verhaltens 1821 zum Ritter des Guelphen= Ordens ernannt.

[2]) Später Sergeant im 5. oder Infanterie=Regiment Lüneburg. Inhaber der Guelphen=Medaille 12. Juni 1821. Diente seit 27. April 1813 i. B.

[3]) Inhaber der Guelphen=Medaille 14. August 1819. Diente seit 16. Juli 1813 i. B.; hatte sich immer als ein besonders rechtlicher und braver Soldat betragen. Lebt gegenwärtig zu Grebenstein im Churfürstenthum Hessen.

nur an dem Tage fortdauernd im Gefecht, sondern unterzog sich auch allen Fatiguen der Schlacht am 18., wo ihn seine nicht unbedeutende Wunde nicht hinderte, sich als einen der bravsten Leute der Compagnie auszuzeichnen. [1])

Der Soldat August Wohlgemuth der 3. Compagnie, 18 Jahr alt, aus Lonau im Hannoverschen, wird verwundet, verläßt das Bataillon nicht, sondern ist am 17. und in der Schlacht bei Waterloo bei demselben gegenwärtig, und begiebt sich erst nach der Schlacht in's Hospital. [2])

Etwa 4 Stunden konnten sich die Truppen einer ziemlich ungestörten Ruhe hingeben. Gegen Tagesanbruch entstand durch zufälliges Aufeinandertreffen von Patrouillen Alarm und es entwickelte sich daraus ein Gefecht, an welchem bald die ganze Vorpostenlinie Theil nahm, namentlich waren die Vorposten der Kielmansegge'schen Brigade scharf engagirt. Dieses Gefecht, bei welchem das Bataillon jedoch nicht in's Feuer kam, [3]) dauerte einige Stunden, bis es den beiderseitigen Officieren gelang, das von den Commandirenden nicht beabsichtigte Feuer zu dämpfen.

Um 10 Uhr entschloß sich der Herzog von Wellington, nach Empfang officieller Nachrichten über den Ausgang der Schlacht bei Ligny, auf der Straße nach Brüssel in die Stellung von Mont St. Jean, welche er für diesen Fall selbst ausgesucht und auf's Genaueste studirt hatte, zurückzugehen und daselbst eine Schlacht anzunehmen. Um hinreichende Zeit für den freien und ungehinderten Marsch der Armee auf der Chaussee zu gewinnen, war es höchst wichtig, den Abmarsch so lange als möglich zu maskiren; die leichten Truppen blieben deshalb so lange auf Vorposten stehen, bis ihre Replis nach dem zum Verbergen des Rückzugs nöthigen Aufenthalt sich ebenfalls

---

[1]) Inhaber der Guelphen-Medaille 14. August 1819.

[2]) Hatte sich jederzeit als ein vorzüglich braver Soldat betragen.

[3]) Abweichend von Siborne.

zurückzogen. Es war die Division Alten, verstärkt durch ein Bataillon des 95. britischen Regiments, drei braunschweigsche Bataillone und einige britische leichte Compagnien, welchen die Deckung des Rückzugs übertragen ward. Von 11 Uhr trat auch die Division ihren Rückzug an, zuerst die Brigade Ompteda, welche in Sart Dame Avelines wieder Stellung nahm, dann die Brigade Halkett, welche hinter jener aufmarschirte, zuletzt die Brigade Kielmansegge, welche eine dritte Position noch weiter rückwärts besetzte; so sollte die Division im Fall des Angriffs mit abwechselnden Brigaden successive retiriren. Gegen Mittag begannen auch die leichten Truppen der Division, welche bis dahin noch die Vorpostenlinie besetzt gehalten hatten, das Schlachtfeld zu verlassen.

Nun übernahm die Reserve-Cavallerie des Generals Urbridge die weitere Deckung der Armee. Da kein Angriff auf die Alten'sche Division erfolgte, so gingen die Brigaden nicht abwechselnd, sondern gleichzeitig mit Beibehaltung ihrer Distancen zurück; sie bildeten eine linke Seitencolonne der Armee und marschirten neben der Chaussee über Bezy nach der Brücke von Wais la Hutte, wo sie den Genappe passirten. Auf dem Plateau hinter dem Genappe wurden die drei Brigaden um 2½ Uhr wieder vereinigt und ruhten dort bis 4 Uhr. Dem heftigen Nachbringen des Feindes setzte die Cavallerie einen tapfern und erfolgreichen Widerstand entgegen.

Um 4 Uhr brach die Division wieder auf. Es war bis dahin drückend heiß gewesen und die Schwüle der Luft, wie die stechenden Sonnenstrahlen hatten ein Gewitter verkündet, bald darauf brach dieses mit überaus heftiger Gewalt aus und entlud sich mit einem wolkenbruchartigen Regen, der den fetten Lehmboden in Brei verwandelte und die tiefen Landwege, auf denen die Division marschirte, so mit Wasser füllte, daß die Truppen bis an's Knie durch Schlamm und Wasser waten mußten. Um 5 Uhr betrat die Division kurz vor der Meierei du Caillou die Chaussee und bog, nachdem sie den Pachthof La Haye Sainte 200 bis 300 Schritt passirt hatte, links von der Chaussee ab, einen mäßigen Hügel hinan, auf dessen Plateau die Division ihren Platz in der Linie der bereits in die Position von Mont St. Jean eingerückten Armee einnahm.

Gegenüber auf den Höhen zwischen La Haye Sainte und La Belle Alliance machte der Feind Halt; von dort beschoß er aus mehreren Batterien die Armee, welches Feuer durch die diesseitige Artillerie lebhaft erwiedert wurde. Diese Kanonade schloß den Tag.

In ihren Bivouaks fanden die Truppen wenig Ruhe; der Regen hielt mit wenig Unterbrechung die ganze Nacht hindurch an; oft goß es in Strömen; Wachtfeuer zu unterhalten, war unmöglich, dabei war es empfindlich kalt und die Truppen waren seit zwei Tagen auf die spärlichsten Lebensmittel beschränkt geblieben. Die Lage der vor Kälte und Nässe erstarrenden Truppen war deshalb bis zum Uebermaß unbehaglich und beschwerlich.

Nachdem die ersten Stunden des folgenden Tages mit dem Instandsetzen und Reinigen der Gewehre zugebracht waren und man die Bewegungen des Feindes, welche den Aufmarsch in Schlachtordnung auf den Höhen gegenüber von Mont St. Jean bezweckten, beobachtet hatte, griff die Armee gegen 11 Uhr zu den Waffen und erwartete den Angriff.

Schlacht bei Waterloo, den 18. Juni.

Die Division Alten stand im Centrum der Armee in der vorderen Linie; die Brigade Ompteda links, den linken Flügel an die Chaussee von Brüssel nach Charleroi gelehnt; rechts davon die Brigade Kielmansegge; das Bataillon Lüneburg schloß sich links an die Brigade Ompteda; es war in Colonne mit Vierteldistancen formirt [1]) und stand, in gleicher Höhe mit der Brigade Ompteda, auf Deployir-Intervalle von ihr entfernt; ihm zur Rechten in derselben Entfernung ständen die Bataillone Verden und Bremen, das erstere in rechts, das andere in links abmarschirter geschlossener Colonne von Divisionen dicht nebeneinander. Die Bataillone York

---

[1]) Abweichend von Siborne.

und Grubenhagen standen in zweiter Linie auf die Intervalle der Bataillone Lüneburg und Verden gedeckt, ebenfalls in rechts und links abmarschirten Colonnen dicht nebeneinander. (Das Feldjäger-Corps war nicht bei der Brigade anwesend.) Rechts der Brigade Kielmansegge stand die Brigade Colin Halkett.

Die alliirte Armee zählte 68,000, davon 12,400 Mann Cavallerie mit 156 Geschützen [1]); die französische 72,000, davon 15,700 Mann Cavallerie mit 246 Geschützen. [2])

Als feste Punkte, welche den Zugang zu der Position der verbündeten Armee verhinderten, lagen vor dem rechten Flügel derselben das Schloß nebst Garten und Gehölz von Hougoumont, vor dem Centrum an der Chaussee von Brüssel der Pachthof La Haye Sainte.

Um 11½ Uhr beginnt die Schlacht. Gegen Hougoumont, welches von vier leichten Compagnien der englischen Garden, einem Bataillon Nassauer und einer hannoverschen Feldjäger-Compagnie besetzt ist, richtet sich der erste lebhafte Angriff des Feindes; von dem rechten Flügel der Division des Prinzen Jerome des 2. Armee-Corps (Reille) geht eine Colonne gegen die Südwestgrenze des Waldes vor und bildet eine starke Tirailleurlinie; die Vertheidiger werden scharf engagirt; die französischen Schützen bringen gegen den Wald vor; zur Verstärkung der Besatzung wird gegen 12 Uhr die Hälfte der 1. Compagnie des Lüneburgschen Bataillons unter dem Lieutenant Brandt nach jenem Posten detachirt und nimmt an der Vertheidigung desselben während der Schlacht Theil.

Während an diesem Punkte die Truppen den unausgesetzten Angriffen der Franzosen einen hartnäckigen Widerstand entgegensetzen, eröffnet Napoleon gegen die ganze Linie der ihm gegenüberstehenden Armee eine heftige Kanonade, deren Wirkung um so größer ist, als

[1]) Siborne.
[2]) Charras.

nicht nur seine Artillerie der der Alliirten bedeutend überlegen, sondern die Stellung der französischen Armee — auf dem Bogen der Sehne, welche durch die Aufstellung der Armee des Herzogs von Wellington bezeichnet wird — es gestattet, Letztere concentrisch zu beschießen.

Nachdem er die Truppen Wellingtons zwei Stunden hindurch mit Projectilen förmlich überschüttet hat und sie dadurch hinreichend erschüttert und für den Stoß, den er beabsichtigt, vorbereitet glaubt, giebt er um halb zwei Uhr dem Marschall Ney den Befehl, durch einen gewaltigen Angriff der vier Divisionen des 1. Corps Erlon (seines rechten Flügels) das Centrum und den linken Flügel der Alliirten zu durchbrechen. Ney ordnet die Truppen in vier Colonnen, welche sich von links anfangend, in Zwischenräumen von 400 Schritt folgen sollen. Das linke Flügel-Echellon wird durch die Brigade Bourgeois der Division Allir [1]) gebildet, die andere Brigade Quiot dieser Division ist zum gleichzeitigen Angriff auf La Haye Sainte bestimmt; die Division Donzelot bildet das zweite, die Division Marcognet das dritte, die Division Durutte das vierte Echellon. (Auffallender Weise werden die Echellons aus in Linie deplo-pirten und mit 5 Schritt Abstand hintereinander aufgestellten Ba-taillonen formirt, so daß sie eine gegen Cavallerie-Angriffe sehr wenig widerstandsfähige unbehülfliche Masse von 24 Mann (Bri-gade Bourgeois 12 Mann) Tiefe und 150 bis 200 Mann Breite bilden.) 74 Geschütze in 10 Batterien sollen das Vorgehen der Infanterie unterstützen.

Die Brigade Quiot, welche ungefähr gleichzeitig mit dem ersten Echelon antritt, kommt La Haye Sainte gegenüber zuerst in den Kampf. Dieser Pachthof, der Schlüssel der Stellung Wellington's, ist von dem 2. leichten Bataillon der Königlich-Deutschen Legion unter Commando des Majors Baring besetzt; rechts neben dem Pachthofe auf dem freien Felde sind zwei Compagnien des 1. leichten

---

[1]) Charras.

Bataillons der Legion und eine Feldjäger=Compagnie als Tirailleure aufgelöst.

Während die Brigade Quiot auf den Pachthof losgeht, bleibt die Brigade Bourgeois rechts neben der Straße nach Brüssel im Avanciren; jener folgt jedoch die Reiterbrigade Dubois von den Cuirassieren Milhauds und wird auf Napoleons Befehl in der Terrain= falte, welche sich zwischen den Höhen von La Belle Alliance und La Haye Sainte hinzieht, verdeckt aufgestellt. Der Pachthof liegt in einer Vertiefung, so daß eine kleine, nahe vor dem Obstgarten hin= laufende Erhöhung den heranrückenden Feind verbirgt.

In die Nähe des Pachthofes gelangend, läßt die Brigade eine Wolke von Tirailleurs vorschwärmen; das scharfe Kleingewehrfeuer, mit dem sie aus dem Obstgarten empfangen werden, jedoch erst, als sie ganz nahe sind, bezeichnet den ersten Widerstand gegen Neys furchtbaren Angriff.

Die französischen Schützen dringen entschlossen gegen den Garten vor, doch der Feind hält sich nicht lange mit Plänkern auf, sondern bildet sofort zwei Angriffs=Colonnen, mit denen er über die Höhe vorbricht, die eine gegen den Obstgarten, die andere gegen die Ge= bäude des Pachthofes dirigirend. Unbekümmert um das mörderische Feuer, welches ihm die Vertheidiger des Gartens und die Schützen neben demselben entgegensenden, geht der Feind mit Ungestüm vor; Major Baring muß der Uebermacht weichen und zieht die Mann= schaft an die Scheune in eine mehr vereinigte Stellung zurück, um die Vertheidigung fortzusetzen. Jetzt kommt ihm das Bataillon Lüneburg unter Führung des Oberstlieutenants v. Klencke zu Hülfe. Es ist aus seiner am linken Flügel der Kielmansegge'schen Brigade eingenommenen Stellung zur Unterstützung der Besatzung von La Haye Sainte vorgerückt und zwar — wie versichert wird — auf einen durch einen Adjudanten überbrachten höheren Befehl. Als das Bataillon herankommt, geht auch das 2. leichte Bataillon wieder zum Angriff über; das Bataillon Lüneburg, größtentheils in

6

Tirailleurs aufgelöst, bringt an der rechten Seite gegen den Obstgarten vor und wirft sich mit großer Ruhe und Entschlossenheit
dem bis dahin bereits vorgedrungenen Feinde mit dem Bajonnet
entgegen; dieser weicht; inzwischen aber hat seine rechte Angriffs-
Colonne den hinteren Gemüsegarten umgangen und gleichzeitig wird
die Cavallerie Dubois, sich rechts vorwärts des Gartens zum Angriff formirend, bemerkt. Da gegen diesen die schwache und leicht
zu durchbrechende Hecke keinen Schutz giebt, so suchen die Vorgesetzten
ihre Leute von einander zu scheiden, zu sammeln und zurückzuziehen.
In diesem Augenblick bemeistert sich feindliche Infanterie durch einen
Colonnenangriff des Obstgartens von Neuem. Das Bataillon
Lüneburg und das 2. leichte Bataillon gerathen hier mit dem Feinde
in's Handgemenge; gleichzeitig wirft die von rechts angreifende Cavallerie die auf freiem Felde en·débandade aufgelöste Mannschaft
auf den Pachthof zu, wo der Major v. Dachenhausen, welcher nach
der Verwundung des Oberstlieutenants v. Klencke das Commando
des Bataillons übernommen hat, sie hinter der Hecke des Gartens
zu sammeln und gegen die Angriffe der feindlichen Cavallerie einiger-
maßen in Sicherheit zu stellen sucht; während er, hiermit beschäftigt, ein glänzendes Beispiel von Eifer, Ruhe und Tapferkeit giebt
und bereits den größten Theil des Bataillons zusammengebracht
hat, wird er, obwohl gut beritten, in völliger Hingabe an seine
Pflicht, im Handgemenge von der feindlichen Infanterie zum Gefangenen gemacht. [1]

Während die den Pachthof besetzt haltenden Schützen den Kampf
mit der von vorn andringenden Infanterie fortsetzten, hat sich inzwischen die andere feindliche Colonne des nördlich gelegenen Gemüsegartens bemächtigt; nun auch im Rücken angegriffen werden
dadurch jene, insofern sie sich nicht in die Gebäude werfen können,

---

[1] Für Waterloo auf Antrag des Capitels im December 1816 zum Ritter
des Guelphen-Ordens ernannt.

auf's freie Feld gedrängt, wo sie, mit den dortigen Tirailleurs der andern Corps bunt sich mischend, eine unentwirrbare Masse bilden, von der Cavallerie erreicht, in die äußerste Unordnung gerathen und ihr einzigstes Heil in schnellstem Rückzuge nach der Hauptposition der alliirten Armee zu finden glauben. Die wiederholten Cavallerie-Angriffe vereiteln alle weiteren Bemühungen der Officiere und Unterofficiere, die einzelnen Abtheilungen zu sammeln und zum Stehen zu bringen, und, um die Größe des Verlustes noch zu vermehren, gerathen die Flüchtigen, welche von der Cavallerie übergeritten und niedergehauen werden, noch in das Flankenfeuer der rechten Angriffs-Colonne des Feindes, welche nunmehr die westliche Hecke des Gemüsegartens besetzt hat.

Das Bataillon wird völlig auseinander gesprengt. [1])

Eine halbe Stunde später gelingt es den Capitains Rall und Jacobi, mit denen sich die Lieutenants Borries, Creydt und Ritter vereinigt haben, etwa 50 Mann hinter dem ersten Hause von Mont St. Jean zu sammeln. Diese werden in 5 Sectionen geordnet und nachdem der Capitain Rall, obwohl älterer Officier, aber durch Fatiguen gänzlich erschöpft, dem Capitain Jacobi das Commando und die Beschlußfassung über das Weitere überlassen, tritt dieser ohne Zögern vor die Abtheilung, kündigt derselben mit kurzen sie auf ihre Pflicht verweisenden Worten seine Absicht an, wieder in die Schlachtlinie vorzurücken und beauftragt den inzwischen ebenfalls herangekommenen Adjudanten von Pentz zum Brigadier zu reiten, um sich für die gesammelte Mannschaft den ihr gebührenden Platz in der Linie anweisen zu lassen.

Die Mannschaft entspricht der Aufforderung ihres Führers ohne

---

[1]) Die Angabe in Charras' Geschichte des Feldzugs von 1815, daß bei dieser Gelegenheit auch die Fahne des Bataillons vom Feinde genommen sei, welche bereits in V. Hugo's Roman: Les misérables, sogar mit der Bezeichnung des glücklichen Eroberers, übergegangen, ist aus dem einfachen Grunde eine Fabel, weil das Bataillon gar keine Fahne besaß.

Schwanken und marschirt, die linke Schulter vornehmend, rechts vorwärts gegen den Feind. Sie geräth hierbei in das heftigste Kanonenfeuer, mehre Granaten schlagen ein und tödten und verwunden auf der kurzen Strecke noch 8—10 Mann; unerschroden bringt das Häuflein weiter vor und ist bereits dicht hinter der sich gerade in Linie formirenden Brigade angelangt, als der Adjudant wieder bei demselben eintrifft und vom Brigadier den Befehl überbringt, sich „um den Stamm vom Bataillon zu retten" nach Brüssel zurückzuziehen und alle von der Brigade versprengten Leute zu sammeln. Diesem bestimmt ausgesprochenen und gegen die bereits vom Adjudanten vorgebrachten wiederholten Vorstellungen aufrecht erhaltenen Befehle mußte entsprochen werden, der Rückzug wurde in der Richtung nach der Chaussee von Brüssel angetreten und Abends 12 Uhr langte der Rest des Bataillons dort an. [1]

Der Adjudant Fähnrich v. Penz hatte jedoch, da bei der wenigen Mannschaft hinreichend Officiere waren, für seine Person die Erlaubniß erhalten, auf dem Schlachtfelde zu bleiben und wurde, nachdem kurz darauf der Brigade=Major Hanbury schwer verwundet worden, dem Generalmajor Graf Kielmansegge attachirt. Derselbe hatte bei dem Ueberfall durch die feindlichen Cuirassiere das Glück gehabt, unbeschädigt durch mehre feindliche Schwadronen, welche an ihm vorüber ritten, hindurchzukommen, war dann aber eine gute Weile in der eigenthümlichen Lage gewesen, sich mitten unter den französischen Truppen zu befinden und von denselben rings umgeben zu sein. Rechts und links hinsprengend sucht er vergebens einen Ausweg, bis die englische rothe Garde zu Pferde die von den Infanterie=Vierecken in ihren weiteren Angriffen abgewiesenen Cuirassiere vollends zurückwirft; hierdurch erhält er Luft und entkommt, von einzelnen verfolgt, nach der Seite der Chaussee. Bei einem erneuten Angriffe der feindlichen Cavallerie findet er Auf-

---

[1] Die treue Darstellung dieser Vorgänge ist durch officielle Papiere und eine Reihe dem Verfasser vorliegender Privatbriefe documentirt.

nahme in einem der Quarrees und stößt dann, nachdem er an dem durch die Menge von Verwundeten und Todten und deren schwarzes Lederzeug schon von Weitem kenntlichen Platze vorübergekommen war, wo das Bataillon so unglücklich geendet hatte, zu dem sich in Mont St. Jean sammelnden Reste desselben. Während des übrigen Tages und bis spät in die Nacht machte er sich durch seine Thätigkeit und seinen Muth dem Dienste vielfach nützlich, sammelte noch 16 brave Leute vom Bataillon, welche sich an ihn anschlossen und auch die folgenden Tage bei ihm blieben, und gab sich die größte Mühe, auch die sonst von der Brigade versprengte Mannschaft zusammen-zubringen und zu ordnen. [1])

Noch mögen hier einzelne Züge rühmlichen Verhaltens von Unterofficieren und Soldaten in der Schlacht eine Erwähnung finden:

Der Schütz Wilhelm Bühren der 3. Compagnie, 24 Jahr alt, aus Arlen im Hannoverschen, die Soldaten Friedrich Pape der 3. Compagnie, 24 Jahre alt, aus Frebelsloh im Hannoverschen, Heinrich Schüler der 4. Compagnie, 20 Jahr alt, aus Lüchow und Johann Niese der 4. Compagnie, 35 Jahr alt, aus Lüneburg,[2]) hatten sich, nachdem das Bataillon zersprengt und die gesammelten Reste desselben auf Befehl vom Schlachtfelde zurückgezogen waren, um Letzteres nicht verlassen zu müssen, unter die Leute des 2. leichten Bataillons K. G. L., welche La Haye Sainte weiter vertheidig-ten, gemischt und waren hier, wie mehre Leute jenes Bataillons ihnen ausdrücklich das Zeugniß gaben, einige der Bravsten, zeichneten sich, als der Pachthof geräumt war, im weiteren Ver-laufe der Schlacht unter den Tirailleuren ebenfalls durch ihren Muth ganz besonders aus, hielten sich nach geendigter Schlacht immer geschlossen an der Seite des Adjudanten v. Penz und be-

---

[1]) Für Waterloo auf Antrag des Capitels 1818 zum Ritter des Guelphen-Ordens ernannt.

[2]) Sämmtlich am 14. Aug. 1819 Inhaber der Guelphen-Medaille.

schäftigten sich, ohne im Geringsten an Beutemachen zu denken, so=
wohl spät Abends wie am anderen Morgen damit, ihre verwundeten
Cameraden zu verbinden und ihnen Erquickung zu reichen. (Johann
Niese, welcher vor Harburg in Zeit von zwei Monaten zweimal
verwundet worden, war sowohl bei Quatrebras wie bei dem An=
griffe des Bataillons auf die feindliche Infanterie bei La Haye
Sainte als einer der Ersten bemerkt, welche sich auf den Feind
stürzten und hatte durch Wort und That seine Cameraden zur
Tapferkeit ermuntert.)

Der Feldwebel Friedrich Marwedel[1]) der 2. Compagnie,
21 Jahr alt, aus Celle, ermunterte bei dem Vorgehen des Ba=
taillons neben den schon von feindlichen Tirailleuren besetzten Obst=
garten von La Haye Sainte durch sein braves Beispiel die Leute,
das feindliche Feuer in der Flanke nicht zu achten, sondern rasch
vorwärts zu gehen. Im Angesichte der feindlichen Cavallerie blieb
er selbst der Vorderste und erhielt eine schwere Blessur.

Der Soldat Conrad Heinrich Kloppe[1]) der 3. Compagnie,
20 Jahr alt, aus Aerzen im Hannoverschen, geräth unter die feind=
liche Cavallerie, vertheidigt sich, anstatt sich zu ergeben, kräftig
durchbohrt mit dem Bajonnet einen feindlichen Officier und ent=
kommt mit einer Wunde. Als die Reste des Bataillons wieder
vorgegangen sind und in die Position einrücken wollen, stößt er zu
ihnen und bleibt, auch ungeachtet der Vorstellungen des Capitains
Jacobi, welcher ihn seiner Wunde wegen fortgehen heißt, und
trotz des heftigen Geschützfeuers, in Folge dessen einem Soldaten
unmittelbar neben dem Capitain durch das Stück einer platzenden

---

[1]) Diente seit 20. April 1813 im Bataillon; war am 22. April 1813 zum
Sergeanten und unmittelbar darauf zum Feldwebel befördert.

[2]) Hatte schon in den Feldzügen von 1813 und 1814 „Muth, Eifer und
Entschlossenheit" an den Tag gelegt. Später bei der Landdrostei in Lüneburg an=
gestellt; lebt gegenwärtig in Harburg. Erhielt 1843 die Guelphen=Ordens=
Medaille.

Bombe das Rückgrat jämmerlich zerriſſen wird, bis ihm eine Kanonenkugel das linke Bein wegreißt und er für todt liegen bleibt.

Der Sergeant Friedrich Lampe [1]) der 2. Compagnie, 22 Jahr alt, aus Lauenburg, gab beſondere Beweiſe ſeines Muthes, indem er beim Angriffe auf die feindliche Infanterie einer der Vorderſten war und hernach, von feindlicher Cavallerie umgeben, ſich die größte Mühe gab, unter den wiederholten Angriffen der Cuiraſſiere die ganz en débandade aufgelöſte Compagnie wieder zu ſammeln.

Der Sergeant Friedr. Schröder [2]) der 4. Compagnie, 33 Jahr alt, aus Reichenau im Lippeſchen, welcher bereits bei allen früheren Gelegenheiten, wo das Bataillon im Gefecht war, ſeinen Waffen=brüdern das Beiſpiel des höchſten Muthes und der männlichſten Ent=ſchloſſenheit gegeben und auch bei Quatrebras äußerſt brav gefochten hatte, wurde am rechten Bein verwundet, ſchleppte ſich mühſam zurück, um ſich verbinden zu laſſen, vollführte dieſes, da er ärztliche Hülfe nicht findet, ſelbſt ſo gut er es vermochte und kehrte ſogleich in die Reihen ſeiner fechtenden Cameraden zurück, wo er, ſeiner Wunde nicht achtend, mit den Tapferſten des Bataillons wetteifert.

Auch der Titulair=Corporal Heinrich Steffens [3]) der 4. Com=pagnie, 24 Jahr alt, aus Arendsberg im Holſteinſchen, ſo wie die Soldaten Jacob Heins, 29 Jahr alt, aus Halle in Preußen und Matthies Schiffelmann, 36 Jahr alt, aus Hamburg, Beide von der 4. Compagnie, gaben das Beiſpiel der größten Tapferkeit und un=ermüdlicher Ausdauer.

---

[1]) Am 14. Auguſt 1819 Inhaber der Guelphen=Medaille. Diente ſeit 28. April 1813 i. B. Hatte ſich auch vor Harburg als einer der Bravſten bei manchen Gelegenheiten bewieſen. Wurde, während das Bataillon in Antwerpen lag, im Tagesbefehl als einer der Unterofficiere bezeichnet, welche ſich beim Exer=ciren und in der Unterweiſung der Mannſchaft durch Eifer und Tüchtigkeit aus=zeichneten. Am 1. October 1915 Feldwebel.

[2]) Am 14. Auguſt 1819 Inhaber der Guelphen=Medaille.

[3]) Hatte ſich bereits früher und auch bei Quatrebras ausgezeichnet. Bei Büchen und vor Harburg verwundet.

Vom Bataillon waren in der Schlacht Oberstlieutenant von Klencke [1]) schwer verwundet, Capitain v. Bobarth, Fähnrich v. Plate, 18 Unterofficiere und Soldaten getödtet [2]), 137 Mann verwundet, Major v. Dachenhausen gefangen, 47 Mann vermißt.

Am 19. marschirte das Bataillon, nachdem die Officiere Alles angewandt hatten, um so viele Leute zu sammeln wie möglich, unter dem Commando des Capt. Rall wieder von Brüssel aus, bivouakirte im Walde von Soigne und vereinigte sich am 20., etwa 200 Mann stark, wieder mit der Brigade auf dem Marsche nach Binche, woselbst sich auch der Adjubant und die von ihm gesammelten 16 Mann vorfanden.

Das Bataillon rückte nun mit der Division bis vor Paris, kam dort am 6. Juli an und bezog mit den übrigen Truppen am 7. das Lager im Bois de Boulogne.

Ende Juli gab Generalmajor Graf v. Kielmansegge das Commando der Brigade ab; es wurde dem Bataillon darüber im Tagesbefehle vom 31. Juli 1815 Folgendes mitgetheilt:

---

[1]) Bei der Errichtung des Guelphen-Ordens durch Patent vom 29. Decbr. 1815 zum Commandeur des Ordens, welche Auszeichnung statutenmäßig nur Personen von mindestens Generalmajors-Rang erhalten sollten, ernannt.

[2]) Schütz Christian Achilles, 22 Jahr alt, aus Isenbüttel; Soldaten Friedr. Boltmann, 26 Jahr alt, aus Leipzig; Herm. Bicker, 36 Jahr alt, aus Bremen; Aug. Großmann, 30 Jahr alt, aus Halberstadt; Heinr. Kienhorst, 25 Jahr alt, aus Bernstadt in Preußen, der 1. Compagnie. Schütz Ludw. Telgmann, 20 Jahr alt, aus Sehle in Hannover; Hans Heinr. Cassier, 22 Jahr alt, aus Wredel in Hannover; Heinr. Schulz, 19 Jahr alt, aus Rienburg; Heinr. Schotte, 26 Jahr alt, aus Duderstadt, der 2. Compagnie. Schütz Joseph Behr, 26 Jahr alt, aus Beun in Oesterreich; Soldaten Christ. Bruns, 28 Jahr alt, aus Ziegenberg in Hessen; Carl Falbinger, 26 Jahr alt, aus Rees in Preußen; Christoph Illige, 21 Jahr alt, aus Rösinghausen in Hannover; Joachim Meyer, 28 Jahr alt, aus Gertau in Hannover; Christian Muhrmann, 19 Jahr alt, aus Klein-Bannow in Preußen, der 3. Compagnie. Corporale Carl Henneberg, 20 Jahr alt, aus Hamburg; Aug. Soltau, 22 Jahr alt, aus Königslutter in Braunschweig und Soldat Louis Wellbaum, 23 Jahr alt, aus Rehburg, der 4. Comp.

„Der Major v. Dachenhausen[1]) ist von dem Herrn General=
major Graf v. Kielmansegge beauftragt, dem Bataillone und dem
Officier=Corps desselben das Bedauern auszudrücken, daß höhere
Befehle die näheren Verhältnisse, in welchen er bisher zu demselben
gestanden, vielleicht auf einige Zeit getrennt haben.   Der Herr
Generalmajor dankt dem ganzen Bataillon recht herzlich nicht allein
für die ausgezeichnete Bravour, mit welcher sie auf dem Kampf=
plaße gegen den Feind ihre Pflichten erfüllt haben, sondern auch
für die zu jeder Zeit beobachtete strenge Disciplin.″

Am 30. Juli wurde es, mit dem Landwehrbataillon Bentheim
tauschend, von der 1. in die 6. hannoversche Brigade des General=
majors Sir James Lyon versetzt und wurde mit folgender Brigade=
Ordre d. d. Neuilly, 3. August 1815, in welcher der General zuerst
sein Bedauern über den Abgang des Bataillons Bentheim ausge=
sprochen, empfangen:

„Es ist dem Generalmajor außerordentlich angenehm, den
Verlust dieses Bataillons (Bentheim) durch das Bataillon Lüneburg
erseßt zu sehen, dessen Werth er zu erproben oft Gelegenheit hatte,
und welches bei der Vertheidigung von Moorburg am 1. April
1814 die schönste Rechtfertigung der hohen Meinung gab, die der
Herr Generalmajor stets von diesem Bataillone hegte.   C. Richard,
Capitain und Ober=Adjubant.″

Bis zum 30. October blieb das Lager im Bois de Boulogne
stehen, dann nöthigten Jahreszeit und höchst ungünstige Witterung
das Lager abzubrechen und die Truppen in Cantonnirungen zu
legen, wobei das Bataillon nach Sceaur les Chartreur kam.

---

[1]) Hatte aus der Gefangenschaft zurückgekehrt das Commando des Bataillons
übernommen.

8. Aufenthalt in Frankreich bis 1818. Veränderte Eintheilung der Armee. [1])

Im December erhielt das Bataillon die Bestimmung, einen Theil des in Frankreich zurückbleibenden hannoverschen Occupations-Contingents zu bilden, welches in folgender Weise zusammengesetzt war:

Commandirender: Generallieutenant Graf v. Alten (bis zu dessen Wiederherstellung von den erhaltenen Wunden Generalmajor Sir James Lyon).

1. Infanterie-Brigade: Oberst v. Estorff, vom 1. Februar 1816 an: Oberst Hugh Halkett (Feldbataillone Lüneburg, Grubenhagen und Herzog v. York).

2. Infanterie-Brigade: Oberst v. Berger (Feldbataillone Bremen, Verden und Calenberg).

Cavallerie: Regiment Prinz-Regent Husaren.

Artillerie: 1 Fußbatterie.

Am 4. Februar 1816 wurde das Bataillon in die Festung Condé gelegt, wo es während der ganzen Dauer der Occupation einen Theil der Besatzung bildete.

Am 14. April 1816 wurden die Waterloo-Decorationen an das Bataillon ausgetheilt. Es erhielten nämlich laut General-Ordre vom 18. August 1815 diejenigen Abtheilungen der hannoverschen Armee, welche an der Schlacht bei Waterloo Theil genommen hatten,

---

[1]) Standorte des Bataillons: 30. October — 10. December Sceaur in Chartreur, 11. Beugneur, 12. Marly la Ville, 13. Rieur, 14. Gournay, 15.—16. Roye, 17. Decbr. 1815 — 11. Jan. 1816 Perenne, 12. Fins, 13. Jan.— 2. Febr. Cambray, 3. Denain, 4. Febr. 1816 — 7. Novbr. 1818 Condé, 8. Ath, 9. Enghien, 10. Brüssel, 11.—12. Löwen, 13. Tirlemont, 14. St. Trond, 15.—16. Tongern, 17. Mastricht, 18. Sittard, 19.—20. Raremonde, 21. Venlo, 22. Neuenkirchen, 23.—24. Hünro, 25. Dorste, 26. Dülmen, 27.—28. Telgte, 29. Jburg, 30. Novbr. — 1. Decbr. Osnabrück, 2. Bohmte, 3. Diepholz, 4.—5. Suhlingen, 6. Hoya, 7. Rethem, 8.—9. Walsrode, 10. — 11. Soltau, 12. Amelinghausen, 12. Decbr. 1818 Lüneburg.

die Auszeichnung das Wort Waterloo an ihren Kopfbedeckungen tragen zu dürfen und zwar: die Batterien der Capitains v. Rettberg und Braun, das Feldjäger=Corps, die Husaren=Regimenter Bremen=Verden und Prinz=Regent, die Feldbataillone Bremen, Verden, Herzog von York, Lüneburg und Grubenhagen, die Landwehrbataillone Bremervörde, Verden, Osnabrück, Quackenbrück, Lüneburg, Gifhorn, Hameln, Hildesheim, Peine, Salzgitter, Osterode und Münden; durch General=Ordre vom 9. Januar 1816 wurde diese Auszeichnung auf diejenigen Corps ausgedehnt, welche während der Schlacht unter dem Commando des Prinzen Friedrich der Niederlande nach Hal detachirt waren: Feldbataillone Lauenburg, Calenberg; Landwehrbataillone Bentheim, Nienburg und Hoya; und durch General=Ordre vom 16. März auch auf das Regiment Cumberland Husaren.

Die Eintheilung der Armee, wie sie seit Januar 1814 bestanden hatte, mußte nach Rückkehr des Friedens in Folge der nothwendig werdenden Reduction des Kriegsbestandes, des Uebergangs der Königlich=Deutschen Legion in hannoverschen Dienst und der eingetretenen Gebietswechsel, einer Aenderung unterzogen werden und es wurde die Infanterie (abgesehen von dem Feldjäger=Corps) am 1. April 1816 in folgende 10 Infanterie=Regimenter, à 4 Bataillone, eingetheilt:

1. das Göttingensche Infanterie=Regiment:
    Nr. 1. das Jäger=Garde=Bataillon (gebildet aus dem 1. und 2. leichten Bataillon der Königlich=Deutschen Legion),
    „ 2. das Landwehrbataillon Münden,
    „ 3. „ „ „ Northeim,
    „ 4. „ „ „ Osterode;
2. das Calenbergsche Infanterie=Regiment:
    Nr. 1. das 1. oder Grenadier=Garde=Bataillon (gebildet aus dem 1. und 2. Linien=Bataillon der Königlich=Deutschen Legion),

Nr. 2. das Landwehrbataillon Hannover,

„ 3. „ „ „ Hameln,

„ 4. „ „ „ Einbeck (früher Alfeld);

3. das Hildesheimsche Infanterie-Regiment:

Nr. 1. das 2. Garde-Bataillon (gebildet aus dem 3. und
4. Linien-Bataillon der Königlich-Deutschen Legion),

„ 2. das Landwehrbataillon Hildesheim,

„ 3. „ „ „ Peine,

„ 4. „ „ „ Salzgitter;

4. das Celler Infanterie-Regiment:

Nr. 1. das 3. Garde-Bataillon (gebildet aus dem 5. und
8. Linien-Bataillon der Königlich-Deutschen Legion),

„ 2. das Landwehrbataillon Celle,

„ 3. „ „ „ Gifhorn,

„ 4. „ „ „ Uelzen;

5. das Lüneburger Infanterie-Regiment:

Nr. 1. das Lüneburgsche leichte Bataillon,

„ 2. „ Landwehrbataillon Lüneburg,

„ 3. „ „ „ Harburg,

„ 4. „ „ „ Lüchow;

6. das Bremensche Infanterie-Regiment:

Nr. 1. das Bremensche Grenadier-Bataillon (früher Bataillon
Bremen und Verden),

„ 2. das Landwehrbataillon Stade,

„ 3. „ „ „ Otterndorf,

„ 4. „ „ „ Bremervörde;

7. das Verdensche Infanterie-Regiment:

Nr. 1. das Verdensche Grenadier-Bataillon (früher 1. Calen-
bergsches Feldbataillon),

„ 2. das Landwehrbataillon Verden,

„ 3. „ „ „ Osterholz (früher Bremerlehe);

„ 4. „ „ „ Hoya;

8. das Hoyasche Infanterie-Regiment:

Nr. 1. das Hoyasche leichte Bataillon (früher 1. Gruben-
    hagensches Feldbataillon),
 " 2. das Landwehrbataillon Nienburg,
 " 3. "   "   " Quackenbrück,
 " 4. "   "   " Melle;

9. das Osnabrücksche Infanterie-Regiment (des Herzogs
    von York):

Nr. 1. das Osnabrücksche leichte Bataillon,
 " 2. " Landwehrbataillon Osnabrück,
 " 3. "   "   " Bentheim,
 " 4. "   "   " Meppen;

10. das Ostfriesische Infanterie-Regiment:

Nr. 1. das Ostfriesische Grenadier-Bataillon (früher 1. Ver-
    densches Feldbataillon),
 " 2. das Landwehrbataillon Emden,
 " 3. "   "   " Leer,
 " 4. "   " .   " Aurich.

Dem Ostfriesischen Infanterie-Regimente (der Landwehr) wurden die aus Italien kommenden Linien-Bataillone 6 und 7 der
Legion einverleibt.

Die hannoverschen Bataillone und die Legion wurden bei dieser
Umformung von 266 Compagnien auf 160 reducirt.

Im November 1818 wurde das Occupations-Corps aus Frankreich zurückgezogen; das Bataillon trat in Folge dessen am 8. November von Condé ab den Rückmarsch in's Vaterland an und traf
am 12. December in seiner Garnison Lüneburg ein.

Mit dem 1. Januar 1819 wurde es auf den Friedensfuß
gesetzt.

B. Die Landwehr.

1. Allgemeines.

Die außerordentlichen Erfolge, welche im Herbste des dreizehner Jahres die preußischen Waffen in so vielen Schlachten errungen hatten, an denen die neu gebildete Landwehr wesentlichen und hervorragenden Theil genommen, die mit diesen Erfolgen wachsende Energie, mit welcher man alle Mittel in den Kampf zu führen suchte, die zur Abschüttelung des französischen Joches beitragen konnten, brachten auch in Norddeutschland den bereits früher gefaßten Plan wieder in Anregung, die gesammte wehrfähige Mannschaft kriegerisch zu organisiren und dem Feinde entgegen zu führen.

Als am 5. October 1813 eine Königliche Proclamation die Unterthanen des Königs in dessen deutschen Landen „zur Theilnahme an dem heiligen Kampfe für Freiheit und Vaterland" aufgefordert, erging, noch ehe die neue Regierung des Landes in Hannover installirt war, von der provisorischen Provinzial-Regierung des Fürstenthums Lüneburg ein Erlaß d. d. Dannenberg, den 2. November 1813, durch welchen für das Lüneburgsche die ersten Vorbereitungen zur Errichtung einer Landwehr angeordnet wurden; und nachdem am 4. November 1813 der Herzog von Cambridge als General-Gouverneur die Regierung Churhannovers übernommen, wurde am 27. desselben Monats die Königliche Verordnung publicirt, nach welcher „zum Zweck der Befreiung des Vaterlandes und der Erkämpfung eines ehrenvollen und dauerhaften Friedens eine einstweilen aus 30 Bataillonen von je 4 Compagnien bestehende, nach der Volksmenge auf die verschiedenen Landes-Provinzen zu vertheilende Landwehr unverzüglich organisirt werden" sollte.

Es erscheint nothwendig, in Folgendem hier die Grundzüge zu skizziren, welche durch diese, sowie durch die „Allgemeine Landes-Verordnung vom 26. Januar 1814" und durch „die Instruction für die mit der Organisirung der einzelnen Bataillone betrauten Officiere" in Betreff der Landwehr festgestellt wurden: Die Provinzen wurden in Districte, diese in Bezirke eingetheilt; aus den Districten gingen die Bataillone, aus den Bezirken die Compagnien hervor.

Das landwehrpflichtige Alter umfaßte das 18. bis zum 30., und im Bedürfnißfalle bis zum 40. Lebensjahre. Die Landwehr-Mannschaft bestand aus Freiwilligen, aus den Soldaten und Unterofficieren des früheren Churhannoverschen Heeres und aus Pflichtigen nach dem Loose. Die Freiwilligen hatten im Dienst und hinsichtlich einer späteren Anstellung im Civil besondere Vergünstigungen, auch insofern sie von Meierhöfen abstammten vorzüglich Berücksichtigung bei deren Besetzung, und bei einer späteren Niederlassung als Häuslinge eine sechsjährige Befreiung vom Schutz- und Dienstgelde zu erwarten.

Civil-Officianten konnten mit Erlaubniß ihrer Vorgesetzten in den Militairdienst eintreten; ihre Bedienungen blieben ihnen vorbehalten; die Besoldungen verblieben ihnen unverkürzt; bei künftigen Beförderungen im Civildienst sollten sie vorzüglich berücksichtigt werden.

Wenngleich die Landwehr anfänglich nicht eigentlich als regulaires Militair anzusehen war, so hatte sie doch gleiche Rechte und Ansprüche mit Letzterem; die Officiere rangirten völlig gleich mit den Officieren der Armee nach dem Alter des Patents.

Der Etat eines Landwehrbataillons bestand aus einem Commandeur, 4 Capitains, 1 Adjudanten, 8 Lieutenants, 8 Fähnrichs, 12 Sergeanten, 8 Unterofficieren, 20 Corporalen, 8 Tambouren und 800, später 600 Gemeinen. Die obere Leitung der militairischen Organisation der Landwehr hatte der Generalmajor und Geheime Kriegsrath Graf v. Kielmansegge. Die Anstellung der Officiere geschah von dem General-Gouverneur; wo möglich wurde ihre Vertheilung danach bemessen, daß sie in ihrem Compagnie-Bezirk wohnten und daselbst bleiben konnten; wo dies nicht ging, wurde ihnen Quartier angewiesen. Die Unterofficiere konnten erst all= mählig aus der Mannschaft hervorwachsen; von ihnen wurden zu Anfang nur die nothwendigsten Stellen und auch diese nur provi= sorisch besetzt. Sie erhielten eine geringe Gage und man ernannte größtentheils nur solche Individuen dazu, welche in dem Quartier= stande der Compagnie wohnhaft waren.

Bei der Ausbildung, welche sich nur auf das Nothwendigste erstreckte, sollte alle unnöthige militairische Pedanterie ausgeschlossen bleiben; zunächst waren Officiere und Unterofficiere „nach dem Exercirbuch von 1803" practisch zu unterweisen; dann nach einiger erlangten Fertigkeit durch diese die Mannschaft, anfangs truppweise täglich etwa anderthalb Stunden auf Uebungsplätzen, welche den Wohnungen der Leute möglichst nahe gewählt wurden, damit sie in ihren bürgerlichen Geschäften wenig behindert würden; dann exercirte die Compagnie während 8 Tage täglich 2 Stunden zusammen und später wurde das Bataillon auf 12 Tage in dem Stabsquartier desselben zusammengezogen.

Nur während dieser Tage erhielt die Mannschaft Gage nebst Quartier; selbstverständlich auch wenn das Bataillon in einer Stadt oder einer festen Position zusammengezogen oder zum Felddienst mobil war. In diesen letzteren Fällen wurden die Gagen der Offi= ciere und Unterofficiere um Etwas erhöht.

Die Mondirung war roth mit dunkelblauen Aufschlägen.

In welcher Weise je 3 Landwehrbataillone mit 1 Feldbataillone zu Regimentern zusammengelegt wurden, ist bereits angegeben. Damit hörte das für die Letzteren, zuletzt in Hildesheim bestehende General=Depot auf und die Feldbataillone recrutirten sich fortan aus den mit ihnen vereinigten Landwehrbataillonen resp. aus deren Districten.

Anfang März 1814 wurden die Landwehrbataillone zum Gar= nisondienst einberufen und auf Garnison=Gage gesetzt. Der größere

Theil derselben marschirte dann im Herbst desselben Jahres mit nach den Niederlanden; that während des Winters Dienst in den Festungen oder lag als Besatzung in den Städten zerstreut, einen Theil der unter dem Prinzen von Oranien als englischem General stehenden alliirten Truppenmacht bildend.

Als in der zweiten Hälfte des März 1815 die Rückkehr Napoleons nach Frankreich bekannt wurde, wurden von den noch im Lande befindlichen Bataillonen vierzehn (darunter ein Feldbataillon) sofort und zwar so auf den Feldfuß gesetzt, daß sie in spätestens 8 Tagen sollten marschiren können. Es wurde aus ihnen und dem freiwilligen Regiment Cumberland Husaren das hannoversche Reserve-Corps unter dem Generallieutenant v. d. Decken gebildet, dessen Infanterie in 4 Brigaden eingetheilt war und welches, in den letzten Tagen des März abmarschirend, nach etwa vierwöchigem Marsche in den Niederlanden ankam. Mit Ausnahme des Cavallerie-Regiments, welches zu der Armee des im April den Oberbefehl übernehmenden Herzogs von Wellington herangezogen wurde, kamen die Bataillone des Reserve-Corps nicht vor den Feind, sondern hielten während des in wenigen Tagen beendigten Feldzugs die Festungen besetzt.

Im Spätherbst 1815 marschirten die hannoverschen Truppentheile, mit Ausnahme des dem Occupations-Corps zugetheilten Contingents, nach Hannover zurück und es traten die Landwehrbataillone in die durch neue Bestimmungen etwas veränderten Friedensverhältnisse über.

Danach blieb ein Detachement von 80, vom 15. December 1818 an 60 Mann (20 resp. 15 per Compagnie) als Dienstthuer zur Verrichtung des Garnison-Dienstes im Stabs-Quartiere des Bataillons versammelt, die übrige Mannschaft wurde in ihre Compagnie-Bezirke geführt und beurlaubt; in den Quartierständen der Compagnie hatten sich stetig aufzuhalten der Capitain (resp. der Compagnie-Commandant), ein Subaltern-Officier, der Commandir-

Sergeant, der Gefreite=Corporal und der Fourier, daselbst war auch der Mondirungsboden.

Die übrigen Officiere und Unterofficiere 2c. waren außer der Compagnie=Exercirzeit beim Stabe einquartirt, um bei dem Deta=chement, welches abwechselnd von einem der Compagnie=Chefs befehligt wurde, Dienst zu thun. Die Hälfte von ihnen konnte Urlaub erhalten. Die 80 Dienstthuer wurden zunächst durch Frei=willige, dann durch solche Leute gebildet, welche am leichtesten zu Hause entbehrt werden konnten.

Die beurlaubte Mannschaft wurde im April, Juni und Juli des·Sonntags im Quartierstande der Compagnie im Exerciren ge=übt; es wurden für diese Tage vom Stabe Officiere und Unter=officiere zur Unterweisung der Mannschaft herangezogen. Die eigent=liche jährliche Exercirzeit umfaßte vier Wochen und wurde im Mai abgehalten, davon die erste Woche detachementsweise (die Leute gingen Abends wieder zu Haus), die zweite Woche in geschlossener Compagnie (die Compagnie in dem Quartierstande des Capitains zusammengezogen), die beiden letzten Wochen im Bataillon beim Stabe.

Ueber das Verhältniß der Feldbataillone zur Landwehr wurde festgesetzt, daß wie Beider Bestimmung die Vertheidigung des Vater=landes, auch die Letztere im Kriegsfalle verpflichtet sei, über die Grenze zu marschiren; die Feldbataillone sollten diejenigen Individuen aufnehmen, welche sich dem Militairdienst ganz widmen wollten, in Friedenszeiten den Dienst in den größeren Garnisonen verrichten, auch bei Besetzung von Garnison=Orten im Auslande erforderlichen Falls gebraucht werden. Die Dienstthuer der Landwehrbataillone mußten jedoch in der bereits angegebenen Weise den Garnison=Dienst im Lande mit versehen. Die Landwehrpflichtigkeit umfaßte jetzt das Alter zwischen dem 19. und 25. (im Bedarfsfalle dem 30.) Lebens=jahre. Die Completirung des Feld= (resp. Garde=) Bataillons eines jeden Regiments aus den drei ihm zugetheilten Landwehr=

bataillonen geschah zunächst durch freiwillige Werbung, dann durch Beorderung der fehlenden Mannschaft.

Vom 1. Juni 1816 bis 1. Mai 1817 waren die Landwehr bataillone zu 6 Compagnien, später wieder zu 4 Compagnien formirt, der Gesammt-Etat eines Bataillons, welcher aus ungefähr 600 Köpfen bestand, wurde jedoch dadurch nicht wesentlich verändert.

2. Das Landwehrbataillon Lüneburg.

Die Organisation des Landwehrbataillons Lüneburg (nach der Instruction vom 24. December 1813) wurde dem Major v. Rambohr [1]), welcher vormals als Capitain im Churhannoverschen 11. Infanterie-Regimente gedient hatte, übertragen. [2]) Das Stabsquartier des Bataillons war zu Lüneburg, die Quartierstände der vier Compagnien zu Lüneburg, Bevensen, Dahlenburg, Dannenberg und nach mehrfachen Aenderungen vom 1. Februar 1817 an Lüneburg, Winsen, Barbowieck und Bleckede.

Nach der Eintheilung der Infanterie vom 1. Februar 1814 bildete es das 2. Bataillon des Lüneburgschen Infanterie-Regiments.

---

[1]) Ludwig Heinrich Philipp, geb. 1762 zu Hoya, Major am 6. Jan. 1814, am 28. März 1815 Oberstlieutenant, 8. März 1816 Commandeur des Feldbataillons Osnabrück, trat 1820 mit dem Character von Oberst in Pension, gest. 1831 als Elbzollinspector zu Bleckede.

[2]) Liste der zuerst angestellten Officiere: Commandeur Major v. Rambohr; Capt. Tornim (vormals in hannoverschen Diensten), v. Reiche, v. Weihe-Eimcke (Ritterschafts-Deputirter — trat bald wieder aus), Dornauer (vormals in westphäl. Diensten); Lieutenants Schwemler und Menge (beide vormals in westphälischen Diensten), Schneider (Deconom in Lohnde bei Burgwedel), v. Dassel (aus Lüneburg); Fähnrichs Heymann (aus Hamburg), Becker I. (aus Dahlenburg), Becker II. (aus Münster Amt Ebstorf), Glahn (aus Oldenborf), Kufahl (aus Damnaß), Aug. v. Dassel (aus Lüneburg), Friedr. v. Bülow (aus Gudow), Böhmer (aus Hannover), W. H. Meyer (aus Hermannsburg), Dornauer, E. O. v. Bülow (aus Kühren), Ernst Meyer (aus Anberten), Siegener (aus Celle).

Es wurde am 10. März 1814 auf den vollen Etat von 800 Mann completirt, am 1. Mai jedoch auf 600 Mann, und am 10. Juni auf 400 Mann beurlaubt.

Nach einer im Mai 1814 durch den Obersten Martin vorgenommenen Musterung der unter seiner Leitung organisirten 12 Landwehrbataillone sprach unterm 23. desselben Monats der als Generaladjudant fungirende Generalmajor v. d. Decken seine Anerkennung dafür aus, daß in dem Musterungs-Berichte das Bataillon in jeder Rücksicht als eins der vorzüglicheren bezeichnet sei und stattete dem Commandeur wie dem Officier-Corps seinen "verbindlichsten Dank" dafür ab.

Am 12. Juni benachrichtigt, daß es mit 600 Mann nach den Niederlanden abrücken solle, wurde es am 1. August 1814 auf den Feldfuß gesetzt, mit den Landwehrbataillonen Verden, Osterode und Münden zu einer Brigade, der 4. hannoverschen, unter dem Befehle des Obersten Best vereinigt, marschirte am 12. August in einer Stärke von 22 Officieren, 40 Unterofficieren, 8 Tambouren, 600 Gemeinen, 4 Trainknechten und 8 Weibern von Lüneburg nach den Niederlanden ab[1]) und kam am 14. September in seinem

[1]) Standorte rc. des Bataillons: 1814, August 12.—13. Bispingen, 14. Soltau, 15. Walsrode, 16. — 17. Rethem, 18. Nienburg, 19. Uchte, 20. — 21. Diepenau, 22. Bohmte, 23. — 24. Ostercappeln, 25. Osnabrück, 26. Rheine, 27. — 28. Uchtrop, 29. Enschede, 30. Borkelo, 31. — September 1. Dortinchem, 2. Arnheim, 3. Ravenstein, 4. — 5. Shynbel, 6. Hirschot, 7. Tournhout, 8. Hermthals, 9. — 10. Mecheln, 11. Dendermonde, 12. Gent, 13. Erloo, 14. — November 18. Brügge, 19. — 1815 Januar 7. Ostende, 8. — März 18. Brügge, 19. Thournhout, 20. Rousselaer, 21. — Mai 3. Ypern, 4. Courtrai, 5. — 6. Oudenarde, 7. Leuwerghem, 8. Assche, 9. — Juni 15. Brüssel, 16. Quatrebras (Biv.), 17. Mont St. Jean (Biv.), 18. Schlachtfeld von Waterloo (Biv.), 19. Nivelles (Biv.), 20. Roeulr (Biv.), 21. Malplaquet (Biv.), 22. — 23. Beauvais, 24. Hecq, 25. Clary, 26. Mainlaforte (Biv.), 27. — 28. Roye (Lager), 29. Gournay (Biv.), 30. Pont St. Gervais (Biv.), Juli 1. Louvens (Biv.), 2. — 6. Gonnesse (Lager), 7. — October 29. Reuilly (Lager), 30. — December 7. l'Etang, 8. Cormeil, 9. Sarcelles, 10. Rieur, 11. Rissons, 12. — 13. Transart, 14. Allaines, 15. Fins, 16. Marconay, 17. St. Amand,

Bestimmungsorte Brügge an. Zum Depot blieben 1 Officier (Capitain Dornauer), 1 Unterofficier, 1 Corporal und 40 Dienstthuer in Lüneburg zurück. — Die Brigade Best blieb den Winter über hier in Garnison; jedoch wurde das Bataillon vom 19. November 1814 bis 9. Januar 1815 nach Ostende detachirt.

Inspicirt wurde es in dieser und der nächstfolgenden Zeit bis zur Eröffnung des Feldzuges von dem Oberst v. Vincke (Divisionair, 1814 November 28.), Generallieutenant Clinton (1815 Januar 2.), Oberst Best (Januar 16.), Generalmajor Lyon (Januar 28), Prinzen von Oranien (Februar 18.), dem Herzog von Wellington (April 18.), dem Generallieutenant v. d. Decken (Mai 16.), dem Herzog von Wellington (Juni 3.). Als die Rückkehr Napoleons den Wiederausbruch des Krieges in nahe Aussicht stellte, brach das Bataillon mit der Brigade am 19. März 1815 in der Stärke von 22 Officieren, 37 Unterofficieren, 8 Tambouren und 568 Mann nach der französischen Grenze hin auf und besetzte die Festung Ypern. Durch die Ankunft der Bataillone des neu in Hannover formirten Reservecorps, welche zur Besetzung der Festungen bestimmt waren, wurde die Brigade für den Kampf in offenem Felde disponibel und zur Armee-Reserve herangezogen, welche in und rückwärts von Brüssel lag. Das Bataillon marschirte am 4. Mai dorthin ab und kam am 9. in Brüssel an, wo es bis zur Eröffnung des Feldzuges verblieb.

Am 12. Mai wurden dem Bataillon folgende Officiere der Legion zur Dienstleistung zugetheilt: Capitain v. Hohnhorst und Lieutenant Tormin vom 3. Linien-Bataillon, Lieutenants Schröder

---

18. Onnaing, 19. — 20. Jemappes, 21. Saintes, 22. Brüssel, 23. Obervelthem, 24. — 27. Brusthum, 28. Oray, 29. — 1816 Januar 6. Voraur les Liers, 7. — 8. Soumagne, 9. Einatten, 10. Linnig, 11. — 14. Gatzweiler, 15. Neuß, 16. Urbingen, 17. Rhein passirt, 18. Welheim, 19. Marl, 20. Dülmen, 21. — 22. Münster, 23. Ostbevern, 24. Iburg, 25. — 26. Osnabrück, 27. Lemförde, 29. Diepholz, 29. — 30. Suhlingen, 31. Rienburg, Februar 1. Rethem, 2. Walsrode, 3. — 4. Soltau, 5. Amelinghausen, 6. Lüneburg.

und v. Arentsschildt und Fähnrich v. Reiche vom 1. Linien=Bataillon und Fähnrich Backhaus vom 7. Linien=Bataillon.

Ueber die Vorbereitungen zum Feldzuge, sowie über die Ereignisse und Dislocationen am 15. Juni ist auf die Darstellung beim leichten Bataillon Lüneburg (Seite 66 und ff.) zu verweisen.

Die Brigade Best war der 6. Division Sir Lowry Cole zugetheilt.

Abends spät am 15. erhielt die Brigade sowie die 5. Division Picton den Befehl, sich jeden Augenblick bereit zu halten, um von Brüssel abzumarschiren. Da die 5. Brigade Vincke bei Hal stand und erst auf Brüssel zu marschiren hatte, so trat bei dem Ausmarsch der Pictonschen Division von Brüssel, welcher am 16. 2 Uhr Morgens auf der Straße nach Charleroi erfolgte, die (4.) Brigade Best ganz an deren Stelle und blieb auch in den folgenden Tagen und in der Schlacht von Waterloo bei der Pictonschen Division.

Um die Verwendung der Division, sei es gegen Nivelles, sei es gegen Quatrebras in Händen zu haben, war dieselbe vom Oberbefehlshaber befehligt worden, bei Mont St. Jean, wo sich die Straße nach Nivelles von der nach Charleroi abzweigt, bis auf weitere Befehle zu halten; sie ruhte in Folge dessen hier bis 12 Uhr und setzte alsdann nach eingegangenem Befehle den Marsch nach Quatrebras fort. Ungefähr um 3 Uhr traf sie auf dem Schlachtfelde ein.

Schlacht bei Quatrebras. Die Schlacht hatte anderthalb Stunden gedauert; die schwachen Truppen des Prinzen von Oranien, welche, um dem Feinde zu imponiren, im Verhältniß zu ihrer Stärke eine zu ausgedehnte Stellung hatten besetzen müssen, waren zurückgedrängt, die Mitte über Gemioncourt hinaus, welches bereits im Besitz der Franzosen war; ebenfalls hatten sich Letztere des Dorfes Piermont bemächtigt und schickten sich an, gegen das jenseits der Straße nach Namur liegende Gehölz des Censes vorzugehen, durch dessen Besitz sie die

Verbindung zwischen Quatrebras und Ligny, wo die Preußen heftig engagirt waren, unterbrochen haben würden; es war hohe Zeit, daß dem Prinzen von Oranien Verstärkung zugeführt wurde.

Die Spitze der Colonne ließ Quatrebras rechts liegen und wandte sich die Straße nach Namur hinunter; nicht gehemmt durch die heftige Kanonade, welche die Franzosen, um den Aufmarsch zu stören, sogleich eröffneten; dann marschirte die Division eiligst längs der Straße auf, die beiden britischen Brigaden Pack und Kempt bildeten das erste, die Brigade Best das zweite Treffen; ein Bataillon des 95. Regiments wurde in das Gehölz des Censes bei Piermont gesendet und besetzte mit seinen Tirailleurs die Straße von Namur, dem Feinde das weitere Vordringen verwehrend; sechs Bataillone des ersten Treffens stellten sich auf der Chaussee selbst auf und deckten den Raum von Quatrebras bis zu dem nach Sart Dame Avelines abführenden Wege, ein Bataillon des 92. Regiments wurde hinter Quatrebras aufgestellt; die vier Bataillone der Brigade Best standen im zweiten Treffen in deployirter Linie, das Bataillon Lüneburg am rechten Flügel.

Unmittelbar nach der Pictonschen Division trafen auch die braunschweigischen Truppen auf dem Schlachtfelde ein, davon wurde das 2. leichte Bataillon nach dem Holze von Piermont am linken Flügel, kleinere Abtheilungen in die rechte Flanke entsandt; der Rest blieb parallel der Straße nach Namur hinter der Division Picton, deren Reserve bildend, stehen.

Kaum hatten die Truppen Stellung genommen, so wurde die holländische Cavallerie-Brigade van Merlen, welche ungefähr gleichzeitig mit der Pictonschen Division eingetroffen war, vorgeführt, um ein Bataillon, welches bis dahin Gemioncourt gehalten hatte, aufzunehmen; doch von der französischen Cavallerie angegriffen, wurde sie sogleich geworfen und bis nahe an Quatrebras verfolgt; hier hemmte die Pictonsche Infanterie die Verfolgung.

Nun begannen die Franzosen unter dem Schuße des Kanonenfeuers, welches gegen die 5. britische Division ungeschwächt fort-
dauerte, von Gemioncourt aus und im Walde von Bossu weiter
vorzudringen; gleichzeitig griff eine starke feindliche Colonne, aus
Piermont debouchirend, das vom 95. Regiment und dem braunschweigischen Bataillon beseßte Gehölz des Censes an. Während
hier jedoch alle Angriffe an der hartnäckigen Tapferkeit der beiden
Bataillone scheiterten, wich die niederländische Infanterie im Walde
von Bossu mehr und mehr zurück; es wurde deshalb das Corps
des Herzogs von Braunschweig neben der Chaussee nach Charleroi
vorgezogen, um den rechten Flügel zu decken und sich mit der Infanterie rechts im Walde von Bossu in Verbindung zu seßen.

Während dieses ausgeführt wurde, bemerkte man zwei mäch-
tige Colonnen in das Thal von Gemioncourt hinabsteigen um
mit vorgesandten Schwärmen von Tirailleurs die britische Linie
zwischen der Chaussee nach Charleroi und dem Dorfe Piermont anzugreifen. Der Gefahr zu begegnen, beschloß Wellington den Angriff nicht
abzuwarten, sondern befahl ungeachtet des in furchtbarer Weise zu-
nehmenden Kanonenfeuers den Brigaden Kempt und Pack dem
Feinde entgegenzugehen. Die Ausführung dieser Maßregel geschah
in der schönsten Ordnung und der Erfolg war ein vollkommener;
mit gefälltem Bajonnet traten die beiden Brigaden dem Feinde
entgegen, trieben ihn vor sich her und verfolgten ihn bis zu dem
entgegengeseßten Abhange des Thals von Gemioncourt.

Während sie vorrückten, nahmen die Bataillone der Brigade
Best die bisherige Stellung längs der Straße von Namur ein.
Die Landwehrbataillone Lüneburg, Osterode und Münden standen
deployirt in einer Linie auf der Chaussee, der rechte Flügel (Bataillon Lüneburg) dicht an Quatrebras, lehnte sich mit 2 Kanonen
an eine Reihe von Gärten und kleinen Gebäuden des Gehöftes,
welche mit der Frontlinie einen rechten Winkel bildete; die beiden

Geschütze standen auf der Chaussee nach Charleroi; das Landwehr=
bataillon Verden, ebenfalls deployirt, war etwas vorgeschoben.

In dieser Stellung widerstand die Division den wiederholten
Angriffen der französischen Cavallerie, welche, nachdem der feindliche
Infanterie=Angriff abgeschlagen war, die Attacke aufgenommen
und die braunschweigische Cavallerie bis Quatrebras zurückge=
worfen hatte.

Die Angriffe derselben wiederholten sich, nachdem keine ihr eben=
bürtige Cavallerie mehr im Felde stand, ohne Unterbrechung gegen
die auf offenem Felde vereinzelten Bataillone des ersten Treffens
mit der größten Tapferkeit und Verwegenheit. Das ganze Feld
bedeckend, bestürmte sie dann auch die Bataillone des zweiten Tref=
fens; das Landwehrbataillon Verden, welches etwas vorwärts der
Straße nach Namur stand, wurde zum großen Theile niedergestoßen;
weitere Erfolge vermochte der Feind aber nicht zu erringen; seine
Versuche, auch die Chaussee von Namur zu überschreiten, scheiterten
an den Bataillonen Lüneburg und Osterode.

Als die feindliche Cavallerie anritt, ertheilte der Commandeur
Oberstlieutenant v. Ramdohr dem Bataillone Lüneburg den Befehl,
in den etwa 3 Fuß tiefen Chausseegraben vorzutreten, um den
Choc in einer Linie abzuschlagen; dies geschieht mit größter Ruhe,
während die Cavallerie bereits auf 200 Schritt nahe gekommen ist;
die Officiere blieben zum Theil auf der Chaussee hinter dem Ba=
taillone stehen, um ihre zum ersten Male ins Gefecht kommenden
Leute desto besser übersehen zu können. Der Commandeur des Ba=
taillons untersagt alles Schießen, läßt mit größter Ruhe und Kalt=
blütigkeit den Feind bis auf 30 Schritt herankommen, commandirt
dann das Feuer und jetzt mit so entscheidender Wirkung, daß die
ganze erste Reiterlinie umkehrt und zerstiebt; eine zweite reitet an;
das Kanonenfeuer ist inzwischen so betäubend geworden, daß die
Campagnien das Commando des Commandeurs nicht mehr zu hören

vermögen; im richtigen Augenblicke treten die Compagnie-Chefs ein und geben das Feuer mit ähnlicher Wirkung ab; ein kleiner Haufen von etwa 20 Reitern versucht nun, während das Bataillon im Laden ist, eine Lücke zu benutzen und, durch diese durchreitend, das Bataillon zu sprengen; die Geistesgegenwart des Lieutenants Schneider, welcher das Gewehr eines Getödteten ergriffen und geladen hatte, und damit den die Abtheilung führenden Cuirassier-Unterofficier vom Pferde schießt, zwingt diese Abtheilung zur Umkehr. Noch zwei Chocs schlägt das Bataillon in gleicher Weise ab; dann verschwindet der Feind; er hatte furchtbar gelitten.

Der Herzog von Wellington, welcher mit seinem Stabe auf 10 Schritt hinter dem rechten Flügel des Bataillons auf einer Anhöhe dicht neben den Gebäuden von Quatrebras gehalten hatte und so in nächster Nähe Augenzeuge dieser Vorfälle gewesen war, schickte seinen General-Adjutanten, den Generalmajor Barnes vor, um sich nach dem Namen des Bataillons zu erkundigen und dieser sprach die Zufriedenheit des Oberfeldherrn in den Worten aus: "Das Bataillon betrug sich außerordentlich gut!" Der Herzog in seinem Schlachtbericht vom 19. Juni erwähnt besonders des Bataillons, nachdem er der 5. Division (und den Braunschweigern) im Allgemeinen die äußerste Tapferkeit (the utmost gallantry) nachgerühmt hat und bezeichnet es als eins der 5 Bataillone, welche sich bei Quatrebras am meisten ausgezeichnet hätten. [1])

Unter dem Schutze des heftigen Kanonenfeuers zog sich die ganze französische Cavallerie zurück, ordnete sich zu neuen Angriffen und brach von Neuem vor, um die vorgeschobenen Brigaden Kempt und Pack zu vernichten. Diese, zum Theil auf eine Handvoll Leute reducirt, hielten sich, von den dichten Massen der französischen

---

[1]) Der Oberstlieutenant v. Ramdohr erhielt bei der ersten Verleihung des Guelphen-Ordens am 29. December als besondere Auszeichnung das Commandeur-kreuz des Ordens (vergl. Anmerk. 1 zu S. 88).

Cavallerie umgeben, mit der ausgezeichnetsten Tapferkeit und wichen nicht von dem besetzten Terrain zurück. Um sie so viel als möglich von dem schweren Drucke, der auf ihnen lastete, zu befreien und da ihre Munition fast gänzlich verbraucht war, so wurden die Bataillone der Brigade Best aus ihrer bisherigen Stellung auf der Chaussee zur unmittelbaren und nahen Unterstützung jener vorgeschoben, während die Bataillone der ankommenden Brigade Kielmansegge auf der Chaussee an deren bisherigem Platze und nach dem linken Flügel zu ihre Aufstellung nahmen. An diesem Punkte vorwärts der Chaussee verblieb das Bataillon Lüneburg während des Restes des Tages, welcher sich durch das allmälige Eintreffen neuer Truppen mehr und mehr zu Gunsten der Alliirten entschied und damit endigte, daß Abends 9 Uhr Marschall Ney nicht nur aus dem ganzen eroberten Terrain verdrängt, sondern bis Frasne, von wo aus er am Mittage vorgegangen, wieder zurückgeworfen ward.

Der Verlust des Bataillons an diesem Tage betrug an Todten 1 Soldaten,[1] an Verwundeten 2 Officiere (Capitain von Reiche[2] und Lieutenant v. Dassel) und 6 Gemeine. Daß er so gering war, erklärt sich nur dadurch, daß das Bataillon vorzüglich gegen Cavallerie im Gefecht gewesen war, deren Angriffe wirkungslos blieben.

Zu dem wackern Verhalten des Bataillons bei Zurückweisung der Angriffe der feindlichen Cavallerie trug außer dem braven Commandeur und den Officieren des Bataillons, welche ihn vortrefflich unterstützten, unter denen im Besonderen der Major von Hohnhorst, auch der Ober-Adjudant des Obersten Best, Capitain

---

[1] Heinr. Christian Soetebier, der 2. Compagnie, 23 Jahr alt, aus Wendisch-Thun, Amts Bleckede.

[2] Jobst, geb. 1773 in Hannover, hatte 18 Jahr in der churhannoverschen und 2¼ Jahr in der westphälischen Armee gedient; trat bei Errichtung des Bataillons als Capitain und Chef der 2. Compagnie ein (Datum d. P. 13. Januar 1814), am 8. October 1819 mit erhöhter Pension entlassen; gest. 1848 als Capitain a. D. in Lüneburg.

v. Heimburg, welcher gerade beim Bataillone anwesend war, zu erwähnen sind, auch der vom 2. Linien-Bataillon der Königlich-Deutschen Legion zum Bataillon commandirte Sergeant Heinrich Muhlert durch sein kaltes und ruhiges Benehmen wesentlich bei. Wahrscheinlich war er mit einer Division (halben Compagnie) den rechts neben dem Bataillon bei Quatrebras aufgestellten 2 Geschützen als Particularbedeckung zugetheilt; während nun — so wird berichtet — die Cavallerie wiederholt bis zur Artillerie vordrang, ermuthigte er durch Wort und Beispiel seine junge Mannschaft und wies den Feind stets durch ein gut angebrachtes wirksames Feuer zurück.

Die Nacht vom 16. auf den 17. Juni bivouafirte die Armee auf dem Schlachtfelde; anderen Morgens 10 Uhr befahl der Ober-feldherr den Rückzug in die Stellung von Mont St. Jean. Unter dem Schutze der Division Alten und später der Reserve-Cavallerie marschirte die Armee auf der Chaussee nach Brüssel ab und nahm gegen Abend in der Position ihre Aufstellung in Schlachtordnung. Die Division Picton machte zunächst auf dem Plateau hinter La Haye Sainte Halt, um das Vorrücken des Feindes auf der Chaussee zu bewachen; General Picton ließ gegen die vordringende Infan-terie durch 2 Batterien ein heftiges Geschützfeuer eröffnen, welches von großer Wirkung war und von französischer Seite, jedoch ohne Erfolg, erwidert wurde. Dann rückte die Division an den ihr be-stimmten Posten am linken Flügel der Schlachtlinie und bivouafirte daselbst während der Nacht.

Schlacht bei
Waterloo.

Als sich die Armee am Morgen des folgenden Tages zur Schlacht entwickelte, war die innere Ordnung des linken Flügels, welchen der Generallieutenant Picton befehligte, folgende:

Aus den Divisionen Picton und Perponcher, der Brigade Best von der 6. Division, und 2 Cavallerie-Brigaden bestehend, lehnte er sich rechts an die Chaussee von Brüssel und erstreckte sich links bis zur Höhe von La Haye. Die Brigade Kempt schloß sich an das Centrum der Armee an und hatte 1 Bataillon des 95. Regi-

ments in Linie im ersten, 3 Bataillone in Colonne mit Deploye=
ments=Distancen im zweiten Treffen dahinter; die nächste Brigade
Bylandt hatte 4 Bataillone deployirt im ersten, 1 Bataillon in Co=
lonne im zweiten Treffen; die Brigade Best stand der Gestaltung
des Terrains folgend, 150 Schritt rückwärts des Allignements der
Brigade Bylandt mit 3 deployirten Bataillonen Lüneburg, Verden
und Osterode im ersten, dem Bataillon Münden in Colonne im zweiten
Treffen; mit dem rechten Flügel, welchen das Landwehrbataillon Lüne=
burg bildete, hielt sie den Hügel besetzt, welcher den höchsten Punkt
der ganzen linken Hälfte der englischen Position bildete. Als Re=
serve der Brigade Bylandt stand hinter derselben im zweiten Treffen
mit 250 Schritt Abstand von deren vorderster Linie die Brigade
Pack in Bataillons=Colonnen mit Entwickelungs=Abstand zwischen
denselben. Der linke Flügel desselben wurde durch den rechten der
Brigade Best maskirt. Der letzteren war die Batterie Rettberg
zugetheilt; deren Aufstellung vor der ersten Linie war bei der gün=
stigen Beschaffenheit des Terrains, welches hier eine Art von natür=
lichem Feldwerke bildete, höchst vortheilhaft.

Die Brigade Vincke stand in derselben Höhe und Ordnung
wie die Brigade Pack am äußersten linken Flügel der Infanterie
und wurde durch die Cavallerie=Brigaden Vandeleur und Vivian
in der Flanke gedeckt. Vor der Front des linken Flügels hielt die Bri=
gade Weimar die Punkte Smohain, La Haye und Papelotte besetzt.
23 Geschütze dienten dem Flügel zur Stütze. Nachdem Napoleon um
11½ Uhr die Schlacht mit dem Angriffe auf Hougoumont vor dem
rechten Flügel der britischen Aufstellung und mit einer mehrstündigen
heftigen Kanonade eröffnet hatte, befiehlt er 1½ Uhr dem Marschall
Ney den großen Angriff auf das Centrum und den linken Flügel
der Alliirten zu beginnen, dessen Anordnung bei dem Feldbataillon
Lüneburg S. 80) näher beschrieben ist. Das Avanciren der etwa
18,000 Mann starken vier Infanterie=Divisionen Erlons machte

einen großartigen Eindruck; die Wirkung der 74 Geschütze, welche die Infanterie vorbeipassiren ließen und dennoch ihr Feuer fortzusetzen vermochten, da diese von der Höhe in das Thal herabstieg, auf die Linke und das Centrum war empfindlich. Näher und näher rücken die feindlichen Colonnen, Tirailleure lösen sich auf der ganzen Linie auf und kommen mit denen der Alliirten in's Feuergefecht.

Das erste Echellon, Brigade Bourgeois, wird durch das Gewehrfeuer der links rückwärts von La Haye Sainte postirten Tirailleure genirt und schiebt sich rechts; das zweite Echellon, Division Donzelot, verliert dadurch seine Distance; beide sind in gleicher Höhe als sie das erste Feuer des 95. Regiments und der Brigade Bylandt empfangen; letztere Brigade wartet aber den wirklichen Angriff nicht ab, sondern macht, nachdem sie schon längere Zeit einen beträchtlichen Grad von Unentschlossenheit gezeigt hatte, in Masse Kehrt und verläßt eiligst die Schlachtlinie. Fast ohne Widerstand rücken nun die beiden Colonnen bis in die von ihren Gegnern verlassene Stellung vor. Allein ohne Zögern hat Picton die in zweiter Linie stehenden Bataillone Kempts und die des rechten Flügels der Brigade Pack deployiren lassen, giebt eine Salve und führt sie dem Feinde entgegen; mit dem Bajonnet angegriffen geräth dieser in Unordnung; die fehlerhafte Formation der Colonnen erschwert deren Entwickelung; von panischem Schrecken erfaßt und in unrettbarer Verwirrung fliehen sie mit Uebereilung, von der britischen Cavallerie verfolgt. Hier hauchte der berühmte Führer des linken Flügels, General Picton, seine Heldenseele aus.

Das dritte Echellon, Division Marcognet, richtete seinen Angriff gegen den linken Flügel der Brigade Pack und den rechten der Brigade Best. Beim Vorgehen wurde die Division durch die Batterie Rettberg beschossen und litt bedeutend; die Bataillone, denen der Angriff galt und welche durch das Korn halb verdeckt standen, ließen sie nahe herankommen und eröffneten dann ein concentrisches und mörderisches Feuer; eben wollten sie zum Bajonnetangriff vorgehen,

als die Cavallerie-Brigade Ponsonby aus der Reserve herankam, so
gut es ging durch die eigene Infanterie durchritt und den Feind,
welcher auch hier in Folge seiner Formation nicht im Stande war,
Vierecke zu bilden, völlig über den Haufen warf.

Wurde die britische Cavallerie auch bei ihrer zu weit ausge-
dehnten Verfolgung von der französischen wieder zurückgeworfen, so
war doch, da auch der Angriff des vierten Echellons, Division Durutte, gegen den linken Flügel der Brigade Best und gegen die
Brigade Vincke, sowie gegen die von der Brigade des Prinzen
Bernhard von Weimar besetzten Punkte ohne Erfolg blieb, der Zweck
dieser großen Attacke: das Centrum und den linken Flügel der
alliirten Armee zu durchbrechen, völlig vereitelt.

Napoleon gab für den Rest des Tages seine Versuche gegen
den linken Flügel gänzlich auf und ließ ihn ferner nur durch Tirailleure beschäftigen.

Um die durch die Entfernung der Brigade Bylandt entstandene
Lücke in Gemeinschaft mit der Brigade Pack zu füllen, rückte die
Brigade Best in eine mehr rechts und etwas vorwärts gelegene
neue Position. Da jedoch die feindlichen Tirailleure diese Bewegung
störten, so erhielt der Major v. Hohnhorst, dessen Pferd bereits
verwundet und durch eine zweite Kugel getödtet war, den Befehl,
mit den beiden Flügel-Compagnien des Lüneburger und des Oste-
roder Landwehrbataillons tirallirend vorzugehen und die feindlichen
Schützen zurückzudrängen. Er führte dieses, zu Fuße fechtend, aus
und setzte dadurch die Brigade in den Stand, ihre Bewegung zu
vollenden.

Während des weiter fortgesetzten, durch die Scharfschützen
unterhaltenen Feuergefechts wurden die Officiere der Letzteren von
allen Bataillonen der Best'schen Brigade, mit Ausnahme des Fähnrichs Siegener vom Bataillon Lüneburg, verwundet, und es übernahm dieser nun das Commando über alle zur Brigade gehörigen
Scharfschützen, mit welchen er die wiederholt vorbringenden feind-

lichen Tirailleure zurückwarf. Dann mußte er, selbst verwundet, das Schlachtfeld verlassen.

Nachdem am Abend die Schlacht siegreich beendet worden, bivouakirte die Armee ungefähr in der Linie, welche während des Tages die französische Armee eingenommen hatte, auf dem Schlacht= felde. Den folgenden Morgen trat das Bataillon mit der Armee den Marsch auf Paris an.

Der Verlust desselben in der Schlacht belief sich an Todten auf 9 Soldaten [1]), an Verwundeten auf 3 Officiere (Capitain v. Kampß [2]), Fähnrichs Dornauer [3]) und E. Meyer [4]), 1 Unter= officier und 45 [5]) Soldaten.

---

[1]) Heinr. Diedr. Müller der 1. Compagnie, 22 Jahr alt, aus Soltau; Joh. Heinr. Brockmann der 2. Compagnie, 20 Jahr alt, aus Echem, Amt Scharnebeck; Jürgen Poppe der 2. Comp., 22 Jahr alt, aus Brackede, Amt Bleckede; Heinr. Christn. Warner der 3. Comp., 23 Jahr alt, aus Habemstorf, Amt Ebstorf; Joh. Heinr. Stellter der 3. Comp., 23 Jahr alt, aus Gr. Thon= dorf, Amt Medingen; Joh. Heinr. Hestermann der 3. Comp., 21 Jahr alt, aus Hanstedt, Amt Ebstorf; Hans Hinr. Hahn der 3. Comp., 23 Jahr alt, aus Burgdorf; Jürgen Heinr. Warner der 3. Comp., 28 Jahr alt, aus Stedorf, Amt Medingen; Heinr. Webberin der 3. Comp., 22 Jahr alt, aus Gr. Thon= dorf, Amt Medingen.

[2]) Eduard, geb. 1790 zu Neustrelitz, trat für v. Weyhe als Capitain in das Bataillon (Patent 7. Febr. 1814), diente vorher 2 Jahr in der preußischen und 6 Jahr in der mecklenburgschen Armee, wurde unterm 30. April 1819 auf sein Ansuchen entlassen.

[3]) Joh. Heinr., geb. 1798 zu Cassel, trat am 27. März 1814 als Fähnrich in das Bataillon, Premierlieutenant im Infanterie=Regimente Lüneburg 13. Mai 1828; lebt als Hauptmann und Amtsrentmeister zu Linden.

[4]) Ernst, geb. 1790 zu Anberten, trat am 6. Mai 1814 als Fähnrich in's Bataillon, vorher 1 Jahr bei den Westphalen und 9 Monate als Sergeant im leichten Bataillon Osnabrück.

[5]) Davon starben an den Wunden: Hans Jasper Alvens der 1. Comp., 24 Jahr alt, aus Weiher, Amt Fallingbostel, am 15. Juli 1815 im Hospital zu Antwerpen; Joh. Ludw. Schulz der 3. Comp., 21 Jahr alt, aus Thätendorf, Amt Medingen, am 26. Juli 1815 im Hospital zu Brüssel.

Am 7. Juli kam es vor Paris im Lager von Neuilly an, bezog am 30. October Cantonnements in l'Etang und Umgegend, trat am 8. December mit der Brigade, die, weil Oberst Best zum Occupations-Corps abcommandirt war, vom Oberstlieut. v. Ramdohr befehligt, jedoch vor Ueberschreitung des Rheins am 16. Januar 1816 aufgelöst wurde, den Rückmarsch in's Vaterland an und hielt am 6. Februar seinen feierlichen Einzug in Lüneburg. Es wurde alsdann auf den Friedensfuß gesetzt und trat, nachdem am 10. Februar die Compagnien mit Ausnahme der 1., in ihre Compagnie-Quartierstände abmarschirt waren, in die gewöhnlichen Landwehr-Verhältnisse über.

3. Das Landwehrbataillon Harburg,

oder »das 3. Bataillon des Lüneburgschen Infanterie-Regiments«, zu Anfang 4. Bataillon des Verdenschen Infanterie-Regiments, wurde vom Major v. d. Sode[1]), früher in churhannoverschen Diensten, organisirt, und wich insofern von den übrigen Bataillonen ab, als es im Jahre 1814 nur drei Compagnien errichtete, weil ein Theil des dem Bataillone zugewiesenen Bezirks (Stadt Harburg und nächste Umgebung) längere Zeit noch vom Feinde besetzt war. Aus demselben Grunde lag der Stab nicht in Harburg, sondern in Barbowieck. Erst Ende Mai wurde Harburg von den Franzosen verlassen, dann im Juli das Feldbataillon Lüneburg als Besatzung dorthin gelegt und als dieses in der zweiten Hälfte des August zur Armee in den Niederlanden aufbrach, wurde das Landwehrbataillon Harburg am 19. August 1814 mit 200 Dienstthuern dorthin commandirt, um die Garnison daselbst zu bilden. Am 30. März 1815 zu 700 Mann completirt (die 4. Compagnie zur Hälfte), entsendete

---

[1]) Joh. Ludwig, geb. 1756 zu Blinstorf bei Ratzeburg, diente zuvor in der churhannoverschen Armee, Major 6. März 1814, Oberstlieutenant März 1816, starb 16. December 1816.

8

es Anfang April, als auch das neu gebildete Reserve = Corps und damit fast alle disponibeln Truppen aus dem Lande wegmarschirten (s. S. 97), die 1. und 2. Compagnie nach Hannover, um daselbst Garnisondienst zu verrichten. Eine vom Officier=Corps ausgesprochene Bitte, den zum Feldzuge ausmarschirten Truppen folgen zu dürfen, fand bei Sr. Königlichen Hoheit, dem Herzoge von Cambridge, gnädige Aufnahme, konnte aber nicht gewährt werden. Am 29. Januar 1816 kehrten die beiden Compagnien nach Harburg zurück, das Bataillon wurde auf den Friedensfuß gesetzt, und ging in die gewöhnlichen Landwehr=Verhältnisse über.

4. Das Landwehrbataillon Lüchow

seit 1. April 1816 das 4. Bataillon des Lüneburgschen Infanterie= Regiments wurde von dem Landrath und Major Carl v. Bülow[1]) auf Plate bei Lüchow (welcher am 16. Januar 1814 zum Oberst= lieutenant befördert wurde) organisirt.[2]) Nach der Eintheilung der Infanterie vom 1. Februar 1814 war es das 4. Bataillon des Lauenburgschen Infanterie=Regiments gewesen. Die Compagnie= Quartierstände des Bataillons waren:

---

[1]) Ernst Heinr., geb. 25. Juni 1766 in Hutloh, trat 1783 als Seconbelieut. bei der Leibgarde (zu Pferde) in den Dienst, 1787 Premierlieutenant, 1793 Ritt= meister, wohnte als solcher den Feldzügen von 1793 bis 1795 bei, nahm 1795 den Abschied, 1805 zum Landrath für das Fürstenthum Lüneburg ernannt, trat 1814 wieder in den Militairdienst, commandirte 1815 eine Brigade des Reserve= Corps, nahm 1820 abermals seinen Abschied und wurde auf Präsentation der Lüneburgschen Landschaft Schatzrath; als solcher gestorben zu Hannover am 8. December 1823.

[2]) Vertheilung der Officiere. Commandeur: Oberstlieutenant v. Bülow, Adjubant Blume.

1. Compagnie: Hauptmann Behling, Lieut. Bernstorf, v. b. Horst, Fähnrich Blumenthal.
2. „ Hauptmann Schilling, Lieut. Wiesen, Fähnrich Redlich.
3. „ „ Walter, „ Grote, „ Oberfeldt.
4. „ „ Hartmann, „ v. Schulzen, Schulz, Mackeprang.

Stab und 1. Compagnie Lüchow,

2.	"	Gartow,
3.	"	Clenze, später Bergen,
4.	"	Wittingen, später Dannenberg.

Nachdem es 1814 einexercirt war, wurde es am 1. Februar 1815 zusammengezogen, um zur Ablösung der in den Niederlanden stationirten Truppen bereit zu sein, und verrichtete in Celle Garnison= dienst, als die Rückkehr Napoleons von Elba bekannt wurde, und der Generallieutenant v. d. Decken Befehl erhielt, auf's Schleunigste ein Reserve=Corps[1]) zu formiren. Das Bataillon wurde nun der 4. Brigade (später die 3.) desselben zugetheilt, über welches der Commandeur desselben, Oberstlieutenant v. Bülow, den Befehl übernahm. Als interimistischer Commandeur trat der älteste Capi= tain, Walter[2]), ins Bataillon, an seine Stelle. Am 30. März 1815

---

[1]) Reserve=Corps. Commandirender: Generallieutenant v. d. Decken. Cavallerie: Cumberland Husaren. Infanterie:

1. Brigade: Oberstlieutenant v. Bennigsen, später v. Wissell (Feldbataillon Hoya, Landwehrbataillon Melle, Bremerlehe).

2. Brigade: Oberstlieutenant v. Beaulieu (Landwehrbataillone Nordheim, Alfeld, Springe).

3. Brigade: Oberstlieutenant v. Bülow (Landwehrbataillone Otterndorf, Celle, Ratzeburg, Lüchow.

4. Brigade: Oberstlieutenant Bobecker (Landwehrbataillone Hannover, Uelzen, Neustadt, Diepholz).

[2]) Heinrich Ludwig Ferdinand, 1781 in Gehrden bei Hannover geboren, war von geringer Herkunft (er selbst soll Schneidergeselle gewesen sein), in hol= ländische Kriegsdienste getreten, hatte sich dort in 15 Jahren durch hervorstechende Tüchtigkeit die Epauletten und den Capitainsgrad verdient, wurde bei der Errich= tung der hannoverschen Landwehrbataillone als ältester Capitain im Bataillon Lüchow angestellt, machte sich sehr verdient um die Organisirung desselben, erhielt in Ypern, um das Commando des Bataillons fortführen und in der Festung als Stabsofficier Dienst verrichten zu können, den Rang von Major, obgleich mehrere ältere Capitains in der Brigade waren, und führte das Bataillon auch wieder in's Vaterland zurück. Seinen Talenten, seinen großen, durch

marſchirte das Bataillon ab und kam am 30. April in Ypern an; hier blieb die Brigade, da das Reſerve=Corps an der Campagne keinen Theil nahm, bis in den Spätherbſt 1815; dann wurde das Corps aufgelöſt und das Bataillon marſchirte nach dem Königreiche zurück.

Es trat, hier angekommen, in die gewöhnlichen Friedensver=hältniſſe über.

---

eiſernen Fleiß errungenen theoretiſchen und practiſchen Dienſtkenntniſſen, und ſeiner ſtrengen Commandoführung war es weſentlich zu verdanken, daß das Bataillon einen hohen Grad militairiſcher Ausbildung und Brauchbarkeit erreichte und bei der Vereinigung mit den drei anderen Bataillonen des ·Regiments behufs der Formation von 1820 für eine vorzüglich gute Truppe galt. 1820 wurde er in's Regiment Verden und Hoya verſetzt und ſtarb um 1840 als Oberſt und Com-mandant von Lüneburg.

II. Zweite Formation von 1820 bis 1833.

Am 1. April 1820 wurde die Infanterie — bisher bestehend aus 10 Regimentern à 4 Bataillonen à 4 Compagnien = 160 Compagnien — neu formirt und bildete außer dem Feldjäger-Corps 12 Regimenter à 2 Bataillonen à 4 Compagnien = 96 Compagnien.

Die neuen Regimenter waren folgende:

1) das Jäger-Garde-Regiment.
2) „ Grenadier-Garde-Regiment.
3) „ 1. oder leichte Infanterie-Regiment Göttingen.
4) „ 2. „ Infanterie-Regiment Calenberg,
5) „ 3. „ „ „ Hildesheim,
6) „ 4. „ „ „ Celle,
7) „ 5. „ „ „ Lüneburg,
8) „ 6. „ „ „ Bremen,
9) „ 7. „ „ „ Verden und Hoya,
10) „ 8. „ „ „ Osnabrück, Herzog von York,
11) „ 9. „ „ „ Diepholz,
12) „ 10. „ „ „ Ostfriesland.

Der Oberstlieutenant v. Klencke, Commandeur des 1. oder Feldbataillons Lüneburg wurde mit der Organisirung des 5. oder Infanterie-Regiment Lüneburg, welches aus dem bisherigen Lüneburgschen Infanterie-Regimente (Feldbataillon Lüneburg, Landwehrbataillone Lüneburg, Harburg und Lüchow) zusammengesetzt wurde, beauftragt, und es geschah diese in der Weise, daß die 1. und 2. Compagnie des Feldbataillons den Stamm des 1. Bataillons

des neu formirten Regiments bildete, an welchen sich das Landwehrbataillon Lüchow und die Hälfte des Landwehrbataillons Lüneburg anschloß; ebenso bildeten die 3. und 4. Compagnie des Feldbataillons den Stamm des 2. Bataillons, an welchen sich das
Landwehrbataillon Harburg und die andere Hälfte des Landwehrbataillons Lüneburg anschloß. Der Chef des Regiments war der
Generallieutenant v. Hinüber, da er jedoch in Frankfurt als Mili-
tairbevollmächtigter abwesend war, so behielt der Oberstlieutenant
v. Klencke das Commando, bis er am 6. März 1821 zum Oberst
und Chef des 2. Infanterie-Regiments ernannt wurde und der
Oberstlieutenant v. Düring an seine Stelle trat.

Der während der Abwesenheit des Generallieut. v. Hinüber
mit dem Commando der 2. Infanterie-Brigade betraute Generalmajor Best übergab dem Regimente am 18. September in feier-
licher Weise die ihm für das Regiment zugeschickten beiden Fahnen.

Außer dem Königlichen Wappen führten diese auch das der
Provinz Lüneburg.

Das Stabsquartier des Regiments war während dieser Zeit zu
Lüneburg.

III. Dritte Formation von 1833 bis 1838.

Da eine neue Reduction der Armee nöthig wurde, so wurde am 1. Juni 1833 die Infanterie, bisher 12 Regimenter à 8 Compagnien ·= 96 Compagnien, in 16 Bataillone à 5 Compagnien = 80 Compagnien formirt, indem aus jedem Regimente ein Bataillon gebildet wurde, welches die Nummer des früheren Regiments behielt, und außerdem 4 neue Bataillone errichtet wurden, nämlich:

das 2. leichte Bataillon,

" 1. Linien- "

" 11. " " ,

" 12. " "

zu welchen die Officiere, Unterofficiere und Mannschaft von den Regimentern abgegeben wurden.

Darnach bestand die Infanterie aus

1 Garde-Jäger-Bataillon,

1 Garde-Grenadier-Bataillon,

2 leichten Bataillonen und

12 Linien-Bataillonen.

Das 5. oder Infanterie-Regiment Lüneburg ging in das 5. Linienbataillon über und gab zur Bildung des 12. Linienbataillons ab: 4 Officiere, 17 Unterofficiere, 4 Spielleute und 182 Soldaten; in etwa gleichem Verhältniß trugen dazu das 6. und 7. Infanterie-Regiment bei. Der Rest der Mannschaft des 12. Bataillons ersetzte sich aus neu ausgehobenen Rekruten.

Die Fahne des 1. Bataillons 5. Infanterie-Regiments blieb bei dem 5. Linienbataillon; die des 2. Bataillons wurde nach Hannover abgeliefert und ist im Jahre 1838 die Fahne des 2. Bataillons 4. Infanterie-Regiments geworden. Die Garnison des 5. Linienbataillons blieb Lüneburg, die des 12. Bataillons wurde Harburg.

IV. Vierte Formation seit 1838.

Vom 1. Febr. 1838 an wurde die Infanterie zu 8 Regimentern à 2 Bataillonen à 4 Compagnien und 4 leichten (jetzt Jäger=) Bataillonen à 4 Compagnien (im Ganzen 80 Compagnien) formirt, und zwar

1) das Garde=Regiment, gebildet aus dem Garde=Grenadier= Bataillon unter angemessener Augmentation,

2) das 1. oder Leib=Regiment, neu formirt durch Compagnien verschiedener Bataillone,

3) das 2. Inf.=Regt., gebildet aus dem 1. u. 2. Linien=Batl.,

4) „ 3. „ „ „ „ „ 3. „ 4. „ „

5) „ 4. „ „ „ „ „ 5. „ 12. „ „

6) „ 5. „ „ „ „ „ 6. „ 7. „ „

7) „ 6. „ „ „ „ „ 8. „ 11. „ „

8) „ 7. „ „ „ „ „ 9. „ 10. „ „

9) „ Garde=Jäger=Bataillon wie bisher,

10) „ 1. leichte Bataillon „ „

11) „ 2. „ „ „ „

12) „ 3. „ „ neu formirt.

Es wurden also das 5. und das 12. Linienbataillon zusammen= gelegt, um das 4. Infanterie=Regiment zu bilden; der bisherige Commandeur des 12. Linienbataillons, Oberstlieutenant Münter, wurde der Commandeur des Regiments und formirte dasselbe.

Die acht Compagnien des Regiments wurden in der Weise gebildet, daß die 1., 2., 3. und 4. Compagnie des 5. Linienbataillons die entsprechenden Compagnien des Regiments, also das 1. Bataillon, die 5. Compagnie des 5. Linienbataillons die 8. Compagnie, und resp. die 5., 2. und 3. Compagnie des 12. Linienbataillons die 5., 6. und 7. Compagnie des Regiments, letztgenannte vier Compagnien also das 2. Bataillon des Regiments, wurden. Abgegeben wurde vom 12. Linienbataillon die 1. Compagnie mit den etatsmäßigen Unterofficieren, Spielleuten und der Mannschaft an das neu zu bildende Leib-Regiment, die 4. Compagnie an das Garde-Regiment.

Die Garnison des Regiments blieb Lüneburg; im October 1848 wurde es aber nach Stade verlegt, und die bisherigen Rekrutirungs-Bezirke wurden dem entsprechend geändert.

. Nach 43jährigem Frieden führten die politischen Verwickelungen im Jahre 1848 einen unerwarteten und plötzlichen Uebergang in Kriegsverhältnisse herbei. Das 2. Bataillon wurde zur Theilnahme an dem in Aussicht stehenden Feldzuge für das Recht Schleswig-Holsteins gegen dänische Gewaltthat bestimmt und verließ, nachdem es am 21. März den Befehl zur Mobilisirung und Einberufung der beurlaubten Mannschaft erhalten hatte, am 6. April in einer Stärke von 19 Officieren,[1] 48 Unterofficieren, 12 Spielleuten und 651 Soldaten die Garnison. Bis zum 14. April blieb es am linken Ufer der Elbe, wo zunächst ein Observationscorps zusammengezogen wurde, überschritt dann den Strom, marschirte mit der Hannoverschen Division nach Schleswig-Holstein hinein, kam mit den übrigen Bataillonen der Brigade von Marschalck, der es zugetheilt war, am 3. Mai, die Braunschweiger ablösend, zum Avant-

---

[1] Stab: Commandeur: Oberstlieutenant v. Elern, Major Kuckuck; Adjutant: Premier-Lieutenant Schäfer; Assistenz-Wundärzte Kels und Wienecke. 5. Compagnie: Capitain Spindler, Premier-Lieutenant Bobecker, Seconde-Lieutenants v. Rotzau und Lacroix. 6. Compagnie: Capitain v. Schulzen, Seconde-Lieutenants Brinckmann und Anthony. 7. Compagnie: Capitain Köppel, Premier-Lieutenant v. Plato, Seconde-Lieutenants Ziermann und Hartmann. 8. Compagnie: Capitain v. Goeben, Capitain 2. Classe v. d. Decken, Seconde-Lieutenant Thormann.

corps [1]) und wurde in Düppel bequartiert, von ·wo die auf den Düppeler Höhen gegen Alsen ausgestellten Vorposten gegeben wurden. [2])

Am 7. Mai Abends gab das Bataillon 250 Mann unter dem Capitain Spindler [3]) auf Vorposten; am 8. Morgens 8 Uhr landeten die von Alsen herüberkommenden Dänen bei Sonderburg-Fähr. Es wurde ihnen eine Tirailleurlinie entgegengestellt, bestehend aus der 5. und 6. Compagnie und den Scharfschützen des Bataillons (Seconde-Lieutenant Ziermann); der Rest des Bataillons diente als Soutien. Das Gefecht bestand längere Zeit hindurch aus einem Wechseln von Kugeln auf ziemlich weite Entfernung, wobei beide Theile gedeckt waren und das Bataillon gar keinen, der Feind nur geringen Verlust hatte. Als es· indessen gegen 3 Uhr Nachmittags

---

[1]) Die allgemeinen Verhältnisse des Feldzugs, so wie Zusammensetzung und Eintheilung der Armee werden hier und im Folgenden als durch die darüber erschienenen Schriften bekannt vorausgesetzt.

[2]) Standorte ꝛc. des Bataillons während des Feldzuges: April 6. Winsen, 7. Harburg, 8. — 13. Burtehude, 14. — 16. Kellinghausen, 17. — 21. Heinkenborstel, 23. Rendsburg, 24. Falckenberg (Biv.), 25.—26. Flensburg, 27. — Mai 2. Fischbeck, 3. — 11. (Vorp. u. Cant.), 12. — 16. Blans, 17. Loit, 18. — 24. Hadersleben, 25.—27. Stöbbeck und Hostrup, 28. Quars (Biv.), 29.—Juni 1. Quars, 2. — 4. Crusau u. Schmedeby, 5.—6. Nübeler Mühle (Biv.), 7.—17. Crusau, 18.—27. Warnitz, 28. Stöbbeck, 29. Högelund (Biv.), 30. Hadersleben, Juli 1. Apenrade, 2.—12. Frasbüll, 13. — 24. Apenrade, 25. —August 4. Kliplev, 5. — 11. Becken, 12. — 30. Röllum, 31. Flensburg, September 1. — 4· Schleswig, 5. Rendsburg, 6. Schönefeld, 7.—8. Itzehoe, 9. Elmshorn, 10. Pinneberg, 11. Blankenese, 12. Cranz, 13. Burtehude, 14. Stade.

[3]) Friedrich Otto Georg, geb. 1798 zu Ahlden, trat am 3. Sept. 1813 als Cadet ins Feldbataillon Bennigsen, 3. Oct. 1813 Fähnrich im Bataillon, später im Feldbataillon Verden, in welchem er der Schlacht bei Waterloo beiwohnte, im Grenadier-Bataillon Ostfriesland und im 10. Infanterie-Regiment, in letzterem 1821 Premier-Lieutenant, 1828 Adjudant, von 1839 bis 1841 Divisions-Adjudant, 1838 Capitain 2. Classe im 7. Infanterie-Regimente, 1841 als Compagnie-Chef ins 4. Infanterie-Regiment versetzt, 27. Mai 1851 Major im Leibregimente, 1855 Oberstlieutenant, Commandeur des Leibregiments, trat 1859 in Pension, lebt in Hannover.

ben Anschein gewann, daß die Dänen vorrücken wollten, gingen ihnen die Tirailleure mit einem energischen Bajonnetangriff entgegen und zwangen jene das Festland zu räumen und wieder nach Alsen hinüber zu gehen. Der Impuls zu diesem Bajonnetangriffe, zu welchem ein directer Befehl nicht gegeben worden, ging von dem Sergeanten Hageborn aus, einem alten tüchtigen Unterofficier, welcher bereits die Feldzüge von 1813 ꝛc. mitgemacht hatte. Mit seinen Schützen auf dem äußersten rechten Flügel stehend, drang er zuerst vor und veranlaßte dadurch die ganze Tirailleurkette ebenfalls anzugreifen. Das nach diesem Angriff erfolgende heftige Kanonen-feuer einer dänischen Kriegsbrigg und zweier Kanonenbööte that weiter keinen Schaden, als daß dadurch zwei Bauerhöfe in Brand geschossen wurden. Hinter einem der Häuser stand ein Peloton der 7. Compagnie unter dem Hauptmann Köppel[1]) als unmittelbares Soutien der Schützen.

Die Landung der Dänen und Allarmirung der Truppen wiederholte sich nun täglich; in Folge dessen fanden häufig kleine Gefechte Statt, in deren einem am 10. Mai der Seconde-Lieute-nant Brinckmann und 3 Infanteristen verwundet wurden.

Am 12. Mai wurde das Bataillon von den Oldenburgern auf Vorposten abgelöst und marschirte nach Blans ins Cantonnement, von wo täglich eine Compagnie als Feldwach-Piquet nach Belle-garde, hart an der See, gegeben wurde.

Gefecht bei der Rübeler Windmühle, den 28 und 29. Mai.

Nach mehrmaligem Wechsel der Cantonnirungs-Quartiere mar-schirte das Bataillon am 28. Mai Morgens 6 Uhr von Stöbbeck und Hostrup nach Schnabeck, um dort Vorposten zu beziehen und das nach Düppel bestimmte 3. leichte Bataillon abzulösen, und traf

[1]) Friedrich, geb. 1795 zu Clausthal, 24. Februar 1814 Fourier, 14. März 1814 Fähnrich im Landwehrbataillon Springe, später im Regimente Ostfriesland, 1825 Premier-Lieutenant, 1841 Capitain 2. Classe, 6. November 1843 als Compagnie-Chef ins 4. Infanterie-Regiment versetzt, trat am 25. April 1854 mit dem Character von Major in Pension und lebt in Stade.

um 11½ Uhr daselbst ein. Die 6. Compagnie wurde auf Vor=
posten commandirt, die 8. Compagnie als deren Reserve aufgestellt,
während die 5. und 7. Compagnie Quartiere bezogen. Eine Stunde
später wurde allarmirt, und die 5. und 7. Compagnie marschirten
sofort ohne abgekocht zu haben, die Köche zurücklassend, nach Satrup,
während die beiden anderen Compagnien einem für solche Fälle
gegebenen allgemeinen Befehle gemäß auf Vorposten stehen blieben.
In Satrup angekommen marschirten die 5. und 7. Compagnie
neben der Kirche auf und erwarteten Befehl, ob sie auf Düppel,
wo der Feind angegriffen hatte oder auf Nübel — dem Sammel=
platze des Avant-Corps für den Fall des Rückzuges — weiter rücken
sollten. Nach halbstündigem Warten wurden sie vom General=
Major v. Schneten, dem Commandeur der Avantgarde, beordert,
nach der Nübeler Windmühle abzumarschiren und trafen daselbst
zwischen 3 und 4 Uhr ein. Gleichzeitig wurde der Bagage, welche
Befehl hatte, der 5. und 7. Compagnie nach Satrup zu folgen und
auf dem Wege dahin war, und der 6. und 8. Compagnie der Be=
fehl übersandt über Ulderup nach Nübel zu marschiren, dieser bald
darauf jedoch dahin geändert, daß sie sich über Atzbüll auf Graven=
stein zurückziehen sollten.

Die beiden nach den Nübeler Höhen zu marschirenden Com=
pagnien fanden daselbst bereits unsere Artillerie in einer fast geraden
Linie aufgestellt, Front gegen Stenderup, rechts nahe an der Mühle
eine Batterie Mecklenburger, dann links neben derselben die hanno=
versche reitende und endlich eine braunschweigsche Batterie. An dem
linken Flügel der Geschützlinie marschirten die beiden Compagnien
hinter einem Erdwalle, der gegen das feindliche Feuer Schutz ge=
währte, auf. Etwa eine halbe Stunde später schloß sich nach links
hin ihnen das 2. Bataillon 6. Regiments an.

Die feindliche Artillerie war der unsrigen gegenüber aufmar=
schirt und es entspann sich ein sehr lebhafter Geschützkampf, der
fünf Viertelstunden dauerte. Plötzlich erhielt die Linie von der

rechten Flanke in der Richtung von der Mühle her ein heftiges Artilleriefeuer von einer 12pfünder Batterie, die sich unbemerkt in der Flanke aufgestellt hatte, und es ging die Meldung ein, daß auch feindliche Tirailleure die rechte Flanke umgingen. In Folge dessen erhielten die beiden Compagnien unter dem Oberstlieutenant v. Elern den Befehl vom Brigadier Oberst v. Marschalck in dieser Richtung vorzugehen. Der etwa 300 Schritt betragende Weg bis zur Mühle mußte auf einer Ebene und unter· dem heftigen Feuer der Artillerie zurückgelegt werden; da jedoch die feindliche Batterie niedriger stand, als das Terrain war, auf welchem die Compagnien marschirten, so gingen die Kugeln so hoch, daß nur einige Bajonnete an den Gewehren zerschmettert, von der Mannschaft jedoch Niemand getroffen wurde. In der Nähe der Mühle angekommen, marschirte die 5. Compagnie, die Tete bildend, aus dublirten Gliedern links auf und zwar so, daß sich der linke Flügel um die Mühle herumzog und mit den Tirailleuren vom 3. leichten Bataillon, welche bereits im Gefecht waren, Verbindung nahm, der rechte Flügel aber einen Fahrweg besetzte, der von der Mühle her nach Nübel führt; die 7. Compagnie stellte sich rechts davon auf. Da man schon im Bereich des feindlichen Gewehrfeuers war, so warfen sich die Compagnien schleunigst in zerstreuter Ordnung dem im Vorbringen begriffenen Feinde entgegen und setzten sich in den Hecken und Steinaufwürfen vor und neben der Mühle fest. Während sie nun ein lebhaftes Tirailleurfeuer unterhielten, begann die von den feindlichen Geschützen in die Flanke genommene Artillerie ihre Stellung aufzugeben und zurückzugehen. Eine halbe Stunde später erhielten auch die Compagnien Befehl, die innegehabte Position zu verlassen; um dieses auszuführen, zogen sie sich anfangs rechts, weil feindliche Tirailleure die rechte Flanke umgangen und sich unter dem Schutze der Erdwälle und dichten Hecken dort auf Schußweite genähert hatten; später gingen sie in der Richtung des Hauptweges nach Atzbüll zurück.

Als jedoch der Oberstlieutenant v. Elern benachrichtigt wurde, daß der Feind von Neuem die rechte Flanke bedrohe, bestimmte er die 5. Compagnie, um die Offensive wieder aufzunehmen. Diese ging in der Richtung auf Nübel vor, setzte sich dort fest, indem sie ein einzelnes zu Nübel gehörendes Haus und die naheliegenden Kämpe besetzte, und hielt in dieser Stellung den anrückenden Feind auf.

Die 7. Compagnie wurde von einer Compagnie Oldenburger abgelöst und weiter zurückgenommen.

Etwa drei Viertelstunden hatte die 5. Compagnie ihre Stellung bei dem besetzten Hause vertheidigt, als sie durch geschlossene Ab= theilungen, welche sie zu umgeben und abzuschneiden drohten, ge= zwungen wurde, ihre Position zu verlassen. Ohne weiteren Aufent= halt ging sie, da sämmtliche übrige Truppen bereits zurückgezogen waren, nun ebenfalls durch das rückwärts gelegene Rundkierholz, den rechten Flügel an der äußeren Lisière auf der rechten Flanke, zurück. Nur bis dahin folgte der Feind, und somit hatte das Ge= fecht ein Ende. Auf dem Wege von Nübel nach Atzbüll vereinigten sich die 5. und 7. Compagnie wieder, marschirten über Atzbüll nach Gravenstein und von dort als Bedeckung der 9pfünder Batterie des Capitains Prizelius nach Quars, woselbst sie Nachts um 12 Uhr ankamen und auf einem Kornfelde bivouakirten. Sechszehn Stun= den waren sie fast ohne Unterbrechung auf dem Marsche und davon drei Stunden im Gefecht gewesen. Getödtet war 1 Infanterist[1]), verwundet waren 1 Corporal[2]) und 11 Mann[3]), auch wurde beim

---

[1]) Joh. Friedrich Müller III. der 7. Compagnie.

[2]) Corporal Carl Heinr. Wilh. Örbing der 7. Compagnie.

[3]) Dierk Höft, Peter Störmann, Joachim Ratjen, Joh. Heinr. Christoph Möller, Hans Christn. Eickhoff, Christoph Heinr. Baden II., Joh. Hinr. Meyer V. der 5. Compagnie, Hans Peter Peters VII., Joh. Holst, Hans Jürg. Meyer VI., Joh. Helmer Lübemann der 7. Compagnie.

Verlassen des zuletzt besetzt gewesenen Hauses 1 Infanterist ge= fangen.¹)

Die 6. und 8. Compagnie unter dem Major Kuckuck, welche auf ·Gravenstein dirigirt waren, wurden später zur Verstärkung der in Alsnöer engagirten drei Compagnien Oldenburger verwandt und vereinigten sich erst am Abend des folgenden Tages mit den beiden anderen Compagnien des Bataillons.

Am Morgen des 29. Mai um 6 Uhr brach die Division, welche durch eine preußische Brigade verstärkt werden sollte, auf der Straße nach Nübel wieder auf, um die Dänen zu verfolgen; sie kam um 11 Uhr dort an und es entspann sich ein leichtes Gefecht, während dessen das Bataillon bis 3 Uhr hinter der Windmühle in Reserve blieb; dann gingen die Truppen wieder in ihre Cantonnements nach Quars und Umgegend zurück.

Als ein Beweis von der unverwüstlichen Ausdauer unserer Bremer möge es dienen, daß das Bataillon am 29. bei sehr großer Hitze und nachdem die 5. und 7. Comp. in 38 Stunden 26 Stunden marschirt waren, nur von der eisernen Portion (Speck und ·Brod) lebend, nicht einen Maroden hatte, während nach Berichten von Augenzeugen von anderen nicht mehr in Anspruch genommenen Bataillonen Hunderte von Maroden auf dem Wege nach Nübel zurückgelassen sein sollen.

Gefecht bei Nübel und Düppel. 5. Juni.

Am 2. Juni bezog das Bataillon Cantonnements in Crusauer= Hof und Mühle (Stab, 5. und 7. Compagnie) und Schmedeby (6. und 8. Compagnie), wo es bis zum 5. Juni blieb. An dem Morgen dieses Tages 3 Uhr brach es von hier auf, um sich mit der Brigade auf deren Sammelplatz bei dem Wirthshause zu Hole= büll zu vereinigen. Es lag im Plane, die Dänen zu überraschen, und um den Feind zu täuschen, hatte man Befehle und Anordnungen wie zu einer, den Geburtstag Sr. Majestät des Königs Ernst

---

¹) Joh. Peter Lange II. der 5. Compagnie.

August feiernden, großen Parade getroffen. Durch das zu späte Eintreffen der Preußen auf dem linken Flügel mißglückte jedoch die Absicht und der Feind gewann Zeit, sich zu sammeln und in Bereitschaft zu setzen.

Um 6 Uhr traf das Bataillon zu Holebüll ein, marschirte in der Brigade nach Gravenstein (9½ Uhr), ruhte hier eine Stunde, brach gegen 11 Uhr mit der Brigade, zu welcher noch 2 Schwadronen des Königin Husaren-Regiments und die 9pfünder Batterie gestoßen waren, auf und rückte auf der Straße von Atzbüll über Nübel nach Sonderburg vor. Die Scharfschützen des Bataillons sowie ein Theil der Husaren bildeten die Avantgarde der Brigade; rechts des Weges als Seitendeckung für die rechte Flanke ging die 1. Division der 5. Compagnie vor, deren 2. Division den Schützen als Soutien folgte. Unmittelbar nachdem die 1. Division der 5. Comp., nach links hin mit den Schützen Verbindung haltend, ein vor Nübel liegendes Holz abgesucht hatte, traf sie etwa 1800 Schritt diesseits des Dorfes auf den Feind, welcher die zerstreut liegenden Häuser und Knicks besetzt hielt und sofort angegriffen wurde. Dieser hatte zwischen Nübel und Nübel Mühle 3 Bataillone (1. Jäger-Corps, 5. und 10. Linienbataillon), zur Vertheidigung von Nübel selbst außerdem das 12. Linienbataillon. Zur Verstärkung der Schützen wurden die 2. Division der 5. und die 1. Division der 6. Compagnie, denen die 2. Division der 6. Compagnie als Soutien folgte, so aufgelöst, daß der rechte Flügel derselben sich an den Weg nach Sonderburg lehnte. Die dänischen Tirailleure, welche zu verschiedenen Malen hinter Hecken und Erdwällen von Neuem Stellung nahmen, wurden allmählig nach Nübel zurückgedrängt und in diesem Gefecht der Secondelieutenant Lacroix¹) (bei der 1. Division

¹) Carl Friedr., geb. 1825 zu Hameln, 26. April 1842 Cadet im 4. Infanterie-Regimente, 1844 Secondelieutenant, 15. Febr. 1849 auf sein Ansuchen verabschiedet, trat in schleswig-holsteinische Dienste als Lieutenant, dann Hauptmann und Compagniechef, machte dort die Feldzüge von 1849 und 1850 mit, bei der

9

der 5. Compagnie) durch einen Schuß in die Seite verwundet.
Eben diesseits Nübel wurde auch die 1. Division der 7. Compagnie,
dann deren 2. Division und bald darauf die 8. Compagnie unter
dem Capitain v. Goeben[1]) als Tirailleure aufgelöst, in der Weise,
daß die 1. Division der 5. Compagnie rechts des Weges in die
Flanke von Nübel, die 2. Division der 5. und die 1. Division der
6. Compagnie links des Weges in der Richtung auf Nübel angriffen, während die 7. und 8. Compagnie sich weiter nach der
Windmühle zu ausdehnten und in der Richtung zwischen Nübel
und Stenderup die Dänen vertrieben. Hier wurden der Capitain
v. Schulzen durch einen Schuß durch das Gesicht schwer, und der
Capitain v. Goeben durch eine Contusion an der Schulter leicht
verwundet. Einige Knicks wurden mit dem Bajonnet genommen,
die Nübeler Windmühle aber, welche vom Feinde stark besetzt war
und von wo er, auch mit Espignols, ein lebhaftes Feuer unterhielt,
durch einige Shrapnellschüsse der hannoverschen Artillerie gesäubert
(und die Dänen durch die Brigade Schnehen hier auf Stenderup
zurückgeworfen).

Da der Feind die vordersten Häuser von Nübel gegen unsere
Tirailleure festhielt und einen Angriff einer halben Schwadron Husaren unter dem Secondelieutenant v. Harling abgeschlagen hatte,
so wurde nunmehr durch den Major Kuckuck die 2. Division der
6. Compagnie unter dem Secondelieutenant Anthony, welche bisher

Auflösung der Armee 1851 entlassen, lebte in Hamburg, trat 1855 als Capitain
in die neu gebildete Brit. Germ. Legion, bei der Auflösung derselben Ende 1856
entlassen, gestorben 1859 auf dem Cap.

[1]) Joh. Friedr. Engelbert, geb. 1799 zu Hameln, 10. October 1813 als
Sergeant in's Feldbataillon Calenberg eingetreten, 10. Februar 1814 Fähnrich,
später im 7. Infant.-Regiment, im 7. Linienbataillon und im Leib-Regiment, 1821
Premierlieutenant und Adjubant, Capitain 2. Classe 1840, als Compagniechef
in's 4. Infanterie-Regiment versetzt 18. April 1843, 26. Novbr. 1851 Major
im Garde-Regiment, 1856 Oberstlieutenant im 3. Infanterie-Regimente, trat
1857 in Pension und lebt in Nordheim.

geschlossen auf dem Hauptwege vorgerückt war, befehligt in Colonne zum Angriff vorzugehen. Der Secondelieutenant Anthony[1]) wurde hierbei durch einen Schuß in den Fuß schwer verwundet, und der Angriff mislang wegen der zu geringen Stärke der Angreifenden. Erst nachdem hier zwei Compagnien des 5. Regiments zur Unterstützung heranrückten, wurden die Dänen aus dieser Position und, als sie auf dem Nübeler Kirchhofe sich von Neuem setzten, unter der weiteren Führung des Majors Kuckuck[2]) durch die 2. Division der 6. Comp. und die genannten beiden Compagnien des 5. Regiments mit dem Bajonnet vertrieben. Er zog sich in Folge dessen nach der Büffelkoppel zurück, welche von dem 2. Bataillon des 6. Regiments gestürmt wurde. Der Major Kuckuck hatte bei dem Angriff auf Nübel eine leichte Verwundung durch einen Prellschuß am rechten Knie bekommen. Den Befehl über die 6. Compagnie, deren drei Officiere sämmtlich gefechtsunfähig waren, übernahm der Feldwebel Hamisch.

Die bis Stenderup vorgedrungene 7. und 8. Compagnie wurden dort durch das 3. leichte Bataillon (der Brigade Schnehen) abgelöst und zogen sich erhaltenem Befehle gemäß auf Nübel, wo das ganze im Laufe des Gefechts sehr aus- und durcheinander gekom-

---

[1]) Albrecht Wilhelm, Sohn des früheren Majors (K. G. L.) in Mellendorf; 16. Januar 1843 Cadet im 2. leichten Bataillon, 8. Januar 1845 Secondelieutenant im Leib-Regiment, später im 6., 21. September 1847 im 4. Infanterie-Regiment, 1856 Premierlieutenant, 1859 Capitain 2. Cl., 27. Mai 1860 als Compagniechef in's 3. Infanterie-Regiment versetzt.

[2]) Friedr. Aug. Wilhelm, geb. 1797 zu Einbeck; 14. Septbr. 1810 Fähnrich im 3. Linienbataillon K. G. L., 1812 Lieutenant, wohnte mit dem Bataillon der Schlacht von Waterloo bei und wurde darin leicht verwundet, später im Garbe-, dann im Nienburger Landwehrbataillon und im 3. Infanterie-Regimente, 1821 Stabscapitain, 1832 Compagniechef im 7. Infanterie-Regimente, dann im 3. Infanterie-Regimente, im 3. Linienbataillon und im 2. Infanterie-Regimente, 1845 Major im 4. Infanterie-Regimente, 1848 Oberstlieutenant im 3. Infanterie-Regimente, trat 1848 in Pension und lebt als Oberst in Hannover.

9*

mene Bataillon wieder gesammelt wurde und in Reserve trat. Bis gegen 4 Uhr Nachmittags blieb das Bataillon, mit welchem sich das 1. Bataillon des 5. Regiments vereinigte, in Reserve-Verhältniß; dann erhielten die beiden Bataillone den Befehl gegen die Düppeler Höhen vorzurücken. Zuvor hatte der Secondelieutenant Brinckmann, welcher noch an seiner am 10. Mai erhaltenen Wunde litt, da die Kugel in der Seite erst später entdeckt und herausgeschnitten wurde, und der deshalb bis dahin bei der Bagage geblieben war, das Commando der 6. Compagnie übernommen und war in's Gefecht eingetreten.

Als die Colonne bei Freudenthal angekommen war, erhielt sie aus den feindlichen Verschanzen ein so heftiges Artilleriefeuer, daß um schwere Verluste zu vermeiden, sie Befehl erhielt, sich hinter den Erdwällen gedeckt aufzustellen. Die 7. und 8. Compagnie jedoch wurden beordert zur Deckung der hannoverschen 9pfünder Batterie, welche mit vorgegangen war und noch im Avanciren blieb, weiter vorzurücken. Sie führten dieses aus, indem sie im stärksten Geschützfeuer von einer Hecke zur anderen resp. rechts und links des Weges en débandade allmählig Terrain gewannen, bis sie einige hundert Schritte vor der Artillerie hinter Erdwällen rechts des Weges eine gedeckte Aufstellung fanden. Hier lagen sie einige Zeit, bis plötzlich ein feindliches Kriegsschiff und mehrere Kanonenböte im Venning Bond erschienen und eine heftige Kanonade in ihre rechte Flanke eröffneten, worauf die 7. Compagnie vom General Halkett zum Rückzuge befehligt wurde. Die 8. Compagnie dagegen blieb noch in ihrer vorgeschobenen Stellung, um das Zurückziehen der Artillerie zu decken, welches wegen des bedeutenden Verlustes an Pferden, den diese erlitten hatte, nur sehr langsam ausgeführt werden konnte. Erst als alle Geschütze in Sicherheit waren, zog auch sie ab und schloß sich den übrigen Truppen an, welche in die Stellung bei der Nübeler Mühle zurückgingen.

Das Bataillon hatte an diesem Tage an Todten 1 Infanteristen [1]), an Verwundeten 5 Officiere [2]), 1 Unterofficier [3]) und
17 Infanteristen. [4]) Das Pferd des Commandeurs war ebenfalls
schwer verwundet.

Am 30. Juli 1848 wurde als Auszeichnung für ihr Benehmen
vor dem Feinde dem Oberstlieutenant v. Elern [5]) das Ritterkreuz,
dem Capitain v. Schulzen [6]) und dem Secondelieutenant Brinck-

---

[1]) Claus Eckhoff, gen. Bösch II. der 8. Comp., aus Hollern, A. Jork, 26 J. alt.

[2]) Major Kuckuck, Capitains v. Schulzen und v. Goeben, Lieutenants Lacroir
und Anthony.

[3]) Corporal Wilhelm Heinr. Lübbers der 7. Compagnie.

[4]) Claus Pien der 5., Heinr. Nottorf, Claus Peter Höfft, Claus Köhler,
Claus Corbes I., Johann Heinr. Bruns III., Herm. Heitmann der 6., Johann
Peter Eickhoff, Lord Steffens, Joh. Christoph Schulte, Heinr. Wahlers I. der 7.,
Hans Peter Albers III., Joh. Heinr. Eckhoff II., Johann Thomas Armbrecht,
Heinr. Aug. Goßler, Conrad Friedr. Webemeyer und Martin Brunckhorst II.
der 8. Compagnie.

[5]) Adolph Friedrich, geb. 1791 zu Schwerin, diente beinahe 7 Jahre in der
Mecklenburgschen Infanterie-Grenadier-Garde, trat als Lieutenant im April 1813
in das neu errichtete Bataillon Bremen und Verden, 1814 Capitain, dann im
6. Infanterie-Regiment, später im 6. Linienbataillon, 1837 Major im 2. leichten
Bataillon, 1840 Oberstlieutenant, 1841 in's 6. Infanterie-Regiment versetzt, 1845
Commandeur des 2. leichten Bataillons, 10. Novbr. 1846 in's 4. Infanterie-
Regiment versetzt, im März 1848 dessen Commandeur, 5. Juni 1849 Oberst,
trat 23. Mai 1851 in Pension, gestorben als Generalmajor und Commandant
von Lüneburg 1859.

[6]) Friedr. Wilh., geb. 1792 zu Dannenberg, trat im Anfang des Jahres
1810, um seinen Bruder von der Conscription zu befreien, in westphälische
Dienste, 15 Monate im 1. Husaren-Regimente, am 15. Mai 1815 Secondelieutenant im 4. westphälischen Infanterie-Regimente, marschirte als solcher 1812
nach Rußland, als Kriegsgefangener in Archangel bis Anfang 1814, trat sogleich
nach seiner Rückkehr als Lieutenant in das Landwehrbataillon Lüchow mit der
Anciennetät vom 21. März 1814, diente als solcher im 5. oder Infanterie-Regiment Lüneburg und im 5 Linienbataillon, 18. Febr. 1839 Capitain im 4. Infanterie-Regimente, 19. Mai 1851 Major im Regiment, trat wegen Augenleiden
am 25. April 1854 mit der Erlaubniß, die Regiments-Uniform zu tragen und
dem Character von Oberstlieutenant in Pension, lebt als Oberst und Commandant zu Harburg.

mann [1]) die 4. Claſſe des Guelphen-Ordens, dem Sergeant Hage-born [2]) der 8. Comp. die goldene und dem Infanteriſten Lührs I. [3]) der 6. Compagnie die ſilberne Verdienſt-Medaille verliehen.

Nachdem Anfangs September 1848 mit den Dänen ein Waffen-ſtillſtand abgeſchloſſen war, kehrte das Bataillon mit den übrigen Truppen in's Land zurück und kam am 14. September in der dem Regimente angewieſenen neuen Garniſon Stade an.

Auch die 3. und 4. Compagnie des 1. Bataillons trafen dort am 9. October ein, nachdem ſie zur Unterſtützung der proviſoriſchen Regierung des Herzogthums Lauenburg am 24. April nach Ratze-burg detachirt und daſelbſt Anfang Juli von der 1. und 2. Com-pagnie abgelöſt worden waren. Die beiden letzteren lagen während des Winters in Cantonnirungen zwiſchen Harburg und Burtehude an der Elbe entlang.

---

[1]) Ernſt Aug. Julius, Sohn des früheren Oberſtlieutenants Brinckmann zu Stade, 25. Mai 1839 Cadet im 1. leichten Bataillon, 1840 Seconbelieutenant im 4. Infanterie-Regimente, 1849 Premierlieutenant, 1856 Capitain 2. Claſſe im Regimente, 27. Mai 1857 Compagniechef im 5. Infanterie-Regiment.

[2]) Joh. Heinr., geb. 1796 zu Hitzacker, diente 1813 zwölf Monate als frei-williger Huſar in der ruſſiſch-deutſchen Legion, 1814 als Pflichtiger in's Land-wehrbataillon Lüchow eingeſtellt, trat 1815 freiwillig in das leichte Bataillon Lüneburg über, diente in demſelben und nach den Umformungen deſſelben im Regimente bis 31. December 1852 und trat dann in Penſion mit der Erlaubniß, die Regiments-Uniform weiter zu tragen.

[3]) Peter, 1822 zu Wiepenkathen bei Stade geboren.

Personal-Notizen

über die bis zur Schlacht von Waterloo in das leichte Bataillon Lüneburg eingetretenen Officiere.

Oberstlieutenant:

August v. Klencke — Anc. 2. Juni 1813 —, 1799 zu Thebinghausen, Herzogthum Braunschweig geboren; trat 1793 als Fähnrich in das churhannoversche 6. Infanterie-Regiment, später Lieutenant im 1. leichten Dragoner-Regimente, 1805 Capitain im 1. leichten Bataillon K. G. L., nahm Theil an den Expeditionen nach Hannover 1805, dem baltischen Meere 1807 und 1808, den Feldzügen auf der Peninsula 1808 und 1809 und der Expedition nach der Schelde 1809, verließ den britischen Dienst 31. December 1811, lebte dann zu Oenigstedt bei Verden, trat in den ersten Tagen des April 1813 in das zu formirende leichte Bataillon Lüneburg, am 22. ej. m. Major und Commandeur desselben, am 4. Mai ej. a. Oberstlieutenant, 5. April 1814 Commandeur der „churhannoverschen leichten Brigade", 28. April 1815 zum Bataillon zurückgetreten, schwer blessirt in der Schlacht von Waterloo 18. Juni 1815, 22. Decbr. 1815 Commandant von Condé (bis zum Abmarsch der Occupations-Armee, November 1818), 29. December 1815 zum Commandeur des Guelphen-Ordens ernannt, 1816 Commandeur des Lüneburgschen Infanterie-Regiments, 1821 Oberst und Chef des 2. Infanterie-Regiments, 24. Januar 1825 zu Oberneuland bei Bremen gestorben.

Majors:

Wilhelm Ludwig v. Langrehr — Anc. 2. Juni 1813 —, geb. 1775 zu Osnabrück; 2. April 1793 Fähnrich im 11. Infanterie-Regimente, 1804 Lieutenant und Adjudant im 2. Linienbataillon K. G. L., wohnte der Expedition nach Hannover 1805 bei und war mit dem Bataillon 1806 und 1807 auf Gibraltar stationirt, verließ 31. August 1807 den britischen Dienst, lebte als Privatmann in Lüneburg; am 21. März 1813 vom Oberst Tettenborn zum „Capitain der bewaffneten Lüneburger Bürgerschaft" ernannt, organisirte er zugleich ein mit Flinten bewaffnetes Jäger-Corps von Bürgern und Förstern der Umgegend, nahm mit demselben (60 Mann) Theil an dem Gefecht bei Melbeck 28. März 1813, führte am 2. April beim Sturm auf Lüneburg die gegen das Lüner Thor anrückende Colonne, trat wahrscheinlich als der erste Officier in das zu errichtende Lüneburger Jäger-Regiment, 4. Mai Major, 11. Juli 1813 Commandeur des Bataillons v. Roehl (nun v. Langrehr), fiel als Oberstlieutenant und Commandeur des Feldbataillons Bremen in der Schlacht von Waterloo 18. Juni 1815.

Preisgott v. Obernitz — Anc. 23. August 1813 —, aus Sachsen; früher in sächsischen Diensten, dann Capitain im Bataillon v. Bennigsen, am 23. September 1813 zum Major im leichten Bataillon Lüneburg befördert, commandirte das Bataillon zu verschiedenen Malen vor dem Feinde, wurde am 17. December 1814 auf sein Ansuchen entlassen.

Friedrich v. Dachenhausen — Anc. 31. März 1815 —, 1776 zu Hameln geboren, Sohn des Obersten; trat 1793 als Fähnrich in das churhannoversche 4. Infanterie-Regiment, wohnte den Feldzügen in den Niederlanden 1793 bis Ende 1795 bei, trat im Mai 1805 als Lieutenant in das 7. Linienbataillon K. G. L., 1808 Capitain, war gegenwärtig bei den Expeditionen nach Hannover 1805, und dem baltischen Meere 1807 und 1808, so wie bei den Feldzügen in Portugal und Spanien 1808 und 1809, in welchen er u. a. der Einnahme von Oporto und der Schlacht bei Talavera beiwohnte, verließ den britischen Dienst 23. December 1809; am 23. September 1813 (Anc. 13. April) als Capitain in das Feldbataillon Lüneburg eingetreten, ward er bis 10. Februar 1814 zum General-Depot commandirt, kehrte während der Belagerung Harburgs zum Bataillon zurück, im Frühjahr 1815 Major, in der Schlacht von Waterloo gefangen, 20. December 1816 zum Ritter des Guelphen-Ordens ernannt, 1824 Oberstlieutenant, 1825 in das 8. Infanterie-Regiment versetzt, 1833 Commandeur des 8. Linienbataillons, 1838 Oberst und Commandeur des 6. Infanterie-Regiments, trat 1839 aus dem Dienst und wurde Chef des Postamts Göttingen; gestorben 4. Juli 1851.

Capitains:

Julius v. Schopp — Anc. 15. März 1813 —, aus Preußisch-Schlesien, diente als Rittmeister im Corps des Herzogs von Braunschweig;

trat am 24. April 1813 als Capitain in das Bataillon, 23. September 1813 als Major in das Bataillon Bennigsen versetzt, 1815 Oberstlieutenant und Commandeur des Feldbataillons Bremen, 29. December 1815 Commandeur des Guelphen=Ordens, starb als Oberst und Commandeur des 10. Linienbataillons am 3. Februar 1835 zu Emden.

Georg v. Roden — Anc. 26. Juli 1813 —, 1770 in Grasdorf im Hannoverschen geboren; 1792 Fähnrich im churhannoverschen 5. Infanterie=Regimente, trat im Januar 1806 als Lieutenant in das 5. Linienbataillon K. G. L., verließ den britischen Dienst im November desselben Jahres wieder, trat (vor dem 12. April) 1813 als Capitain in das leichte Bataillon Lüneburg, wurde am 18. October 1813 im Gefecht bei Valluhn verwundet; am 1. Juli 1814 zum Depot ausrangirt trat er für den zum Major avancirten Capitain v. Dachenhausen im Frühjahr 1815 wieder in den Etat des Bataillons, traf jedoch erst im Herbst bei demselben ein, 21. October 1818 als Major zum Landwehrbataillon Osterode versetzt, 1828 pensionirt, gestorben 17. August 1856 zu Pyrmont.

Friedr. v. Bobarth — Anc. 27. Juli 1813 —, 1765 zu Bassum im Hannoverschen geboren; früher in churhannoverschen Diensten (1795 Lieutenant im 13. Infanterie=Regimente), trat 31. Mai 1813 als Lieutenant in's Bataillon, 23. Juli 1813 Capitain, fiel in der Schlacht von Waterloo 18.-Juni 1815.

Carl Theodor Korfes — Anc. 28. Juli 1813 —, 1785 zu Ottenstein im Braunschweigschen geboren; früher Capitain in westphälischen Diensten, trat am 24. April 1813 als Lieutenant in's Bataillon, am 23. Juli 1813 Capitain, schwer verwundet im Gefecht bei Lauenbruch 1. April 1814, fiel in der Schlacht bei Quatrebras 16. Juni 1815.

Georg Rall — Anc. 29. Juli 1813 —, 1774 zu Carlshafen im Hessischen geboren; vorher 16 Jahr (Lieutenant) in churhessischen Diensten, trat am 17. April 1813 als Lieutenant in's Bataillon, 23. Juli 1813 Capitain, 1819 pensionirt, gestorben 19. April 1843 zu Loccum.

Carl Jacobi — Anc. 30. Juli 1813 —, 1790 zu Celle geboren, Sohn des Hofraths und Landsyndicus; vorher Advocat in Hannover, trat am 13. April 1813 als freiwilliger Jäger in's Bataillon, wurde an demselben Tage zum Sergeanten ernannt, Fähnrich, 4. Mai Lieutenant, 23. Juli 1813 Capitain, 1. Juli 1814 auf dem Depot gesetzt, bald darauf Oberadjudant bei der leichten Brigade des Oberstlieutenants A. v. Klende, 1. Mai 1815 zum Dienst in's Bataillon, doch nicht in dessen Etat zurück, führte die 2. Compagnie während des Feldzuges, vom 22. December 1815 bis zum Abmarsch der Occupations=Armee aus Frankreich Platzmajor von

Condé, 1818 Ritter des Guelphen=Ordens, nach der Rückkehr in's Land Oberadjubant des Generals Grafen v. Alten, 1827 Major, 1833 Aide= General=Quartiermeister, 1637 Oberstlieutenant im Generalstabe, 1848 Oberst und dienstthuender Generaladjubant, 1850 Kriegsminister, 1852 Bundes=Commissair in Bremen, hannoverscher Gesandter am Bunde, 1854 Commandeur der 2. Infanterie=Division, 1855 Generallieutenant, 1860 General der Infanterie, trat 1862 in Pension, lebt in Hannover.

Philipp Heinrich Nolte, 1787 zu Lüneburg geboren, Sohn eines dor= tigen Spediteurs, vorher Kaufmann; trat (vor dem 12. April) 1813 in's Bataillon, Fähnrich, 13. April Adjubant, 4. Mai Lieutenant (am 1. Mai), gab 23. Mai den Adjubantendienst ab, 24. September 1813 Capitain, trat am 6. Mai 1814 zum Depot über, 4. August 1814 zum Landwehr= bataillon versetzt, 10. October 1815 auf sein Ansuchen mit Pension ent= lassen, todt.

Lieutenants:

. . . v. Winterfeld, etwa 28 bis 30 Jahr alt, aus dem Preußischen; früher in preußischen Diensten, wurde (vor dem 12. April) 1813 provi= sorisch als Lieutenant im Bataillon angestellt; am 7. August 1813 auf sein Ansuchen entlassen.

Carl Richard — Anc. 1. Mai 1813 —, 1784 zu Hannover geboren, vorher Oeconom und in dänischen Diensten; trat im April 1813 in's Ba= taillon, Fähnrich, 23. Mai Lieutenant und Adjubant, leicht verwundet im Gefecht bei Lauenbruch 1. April 1814, gab am 2. April 1814 den Adju= bantendienst ab, trat 1. Juli 1814 zum Depot über, 11. September 1815 Capitain und Oberadjubant bei der Brigade des Oberst v. Berger, 4. März 1818 zum Feldbataillon Osnabrück versetzt, 1819 mit Majors=Character entlassen, nahm an den Unabhängigkeits=Kriegen in Südamerika Theil, später mit literarischen Arbeiten beschäftigt, lebt in Aachen.

Joh. Carl Aug. Galle (oder Gall), etwa 25 Jahr alt, aus Stade (oder Hoya), hatte mehrere Jahre als Unterofficier und etwa 2 Monate als Seconde=Lieutenant in der Artillerie K. G. L. gedient, 1810 den bri= tischen Dienst verlassen, wurde am 14. April 1813 provisorisch als Lieute= nant im Bataillon angestellt, verließ dasselbe im August desselben Jahres ohne Abschied.

Friedr. Freese — Anc. 3. Mai 1813 —, über 30 Jahr alt, vor= her Lieutenant in dänischen Diensten, trat am 22. April 1813 als Fähn= rich ins Bataillon, 4. Mai Lieutenant, wurde zum Depot commandirt und von da im December 1813 entlassen.

Joh. Friedr. Stegmann — Anc. 14. Mai 1813 —, 1787 zu Lüneburg geboren, Sohn eines dortigen Spediteurs und Branntweinbrenners, vorher Handlungs-Comtoirist in Hamburg; trat am 12. April 1813 ins Bataillon, 13. April Sergeant, Fähnrich, 4. Mai 1813 Lieutenant, 10. October 1815 auf Ansuchen entlassen; wurde Steuer-Einnehmer in Diepholz, später in Zeven.

Ludwig Borries — Anc. 15. Mai 1813 —, 1799 zu Coppenbrügge geboren, vorher stud. theol.; trat am 12. April als Freiwilliger ins Bataillon, 13. April Sergeant, Fähnrich, 4. Mai 1813 Lieutenant; gestorben im Lager vor Paris, 16. Juli 1815, am Nervenfieber.

Adolph Brandt — Anc. 16. Mai 1613 —, 1786 zu Hildesheim geboren; vorher 4½ Jahr westphälischer Garde du Corps, trat am 24. April 1813 als Fähnrich ins Bataillon, 23. Mai 1813 Lieutenant, erhielt im December 1813 das Commando der neu errichteten 8. Compagnie und führte dieselbe in Holstein und vor Harburg bis zur Ankunft des Capitains, 1816 Stabs-Capitain, 23. September 1818 als Compagnie-Chef ins Landwehrbataillon Aurich versetzt, trat bei der Formation von 1820 auf Wartegeld, 1826 im leichten Infanterie-Regiment Göttingen wieder angestellt, 1840 Major im 7. Infanterie-Regiment, 1847 Oberstlieutenant, trat 1848 in Pension; gestorben 6. Mai 1858 in Göttingen.

Friedrich Reinbold — Anc. 18. Mai 1813 —, trat im April 1813 ins Bataillon, 22. April Sergeant, Fähnrich, 23. Mai 1813 Lieutenant, schwer verwundet am 6. October 1813 im Gefecht bei Büchen; starb bald darauf im Hospital zu Güstrow.

Heinr. Mevius oder Meves — Anc. 19. Mai 1813 — etwas über 30 Jahr alt; vorher Lieutenant in holländischen und englischen Diensten, kam in Hamburg im April zum Bataillon, 4. Mai 1813 Lieutenant, verließ den Dienst wieder im December e. a.

Heinrich Carl Creydt — Anc. 19. Juni 1813 —, 1790 zu Cassel geboren; vorher in der westphälischen Garde du Corps, trat am 24. April als Fähnrich ins Bataillon, 23. Mai 1813 Lieutenant, erhielt am 5. October 1815 die nachgesuchte Dienstentlassung, später Domainenpächter in Elbingerode; daselbst gestorben 1851.

Bernhard Collmann — Anc. 20. Juni 1813 —, 1790 zu Niedergaßbern bei Göttingen geboren, Sohn des Amtmanns; diente in Folge der Conscription vorher 2½ Jahr in der westphälischen Garde du Corps, trat am 22. Juli 1813 als Lieutenant ins Bataillon, 4. März 1814 im Gefecht bei Moorburg verwundet und gefangen, 1815 Ordonnanz-Officier des Brigade-Commandeurs Generals Graf Kielmansegge, 1825 Stabs-

Capitain, 1835 als Compagnie=Chef ins 10. Linien=Bataillon, 1836 ins 5. Linien=Bataillon versetzt, trat 1844 mit Majors=Character in Pension, lebt als Oberst a. D. und Districts=Commissair in Göttingen.

Heinr. Friedr. Gottlieb Horstmann — Anc. 2. Juli 1813 —, 1755 zu Waale im Hannoverschen geboren; vorher Feldwebel im churhannoverschen 5. Infanterie=Regimente, trat (vor dem 12. April) 1813 als Lieutenant ins Bataillon, erhielt als solcher später das Datum vom 2. Juli; hat keinen Dienst im Bataillon gethan, sondern wurde (vom Oberstlieutenant v. Estorff) als Werbeofficier und auf dem Büreau verwandt, trat 1. Mai 1814 in den Depot, 14. Mai 1814 Platz=Adjudant in der hannoverschen Commandantur in Bremen, dann Platz=Commandant in Rotenburg, über= nahm 1. Februar 1816 das Depot und trat am 31. März in Pension.

Heinrich Hansing — Anc. 4. Juli 1813 — aus Harburg, Sohn des dortigen Maire; vorher Student, trat im April 1813 ins Bataillon, Sergeant, 13. April dienstthuender Quartiermeister, 23. Mai 1813 Fähn= rich, Lieutenant, fiel im Gefecht bei Moorburg 4. März 1814.

Otto Albrecht v. Plato — Anc. 5. Juli 1813 —, 1796 zu Lüne= burg geboren, Sohn eines pensionirten Officiers; vorher Schüler, trat im März 1813 in das Lüneburgsche Husaren=Regiment, Wachtmeister, trat Anfang Mai als Fähnrich ins Bataillon, 24. September 1813 Lieutenant, leicht verwundet im Treffen bei Quatrebras 16. Juni 1815, verließ 22. Juni 1819 den Dienst um in den niederländischen einzutreten.

Wilhelm Heinr. Timoleon v. Düve — Anc. 6. Juli 1813 —, 1797 zu Lüneburg geboren, Sohn eines dortigen Advocaten; vorher Schüler, nahm Anfang April 1813 Dienste bei dem Lüneburgschen Husaren=Regimente, trat Anfang Mai als Fähnrich ins Bataillon, 24. September 1813 Lieute= nant, erhielt 5. September 1815 die nachgesuchte Dienstentlassung, ging nach den Niederlanden, um dort eine Civilanstellung zu suchen und wurde Polizei=Commissair in Antwerpen.

Gustav Heinrich Selig — Anc. 7. Juli 1813 —, 1790 zu Lüneburg ge= boren; 1812 zweiter Secretair des französischen Civiltribunals daselbst, trat Anfang April 1813 als freiwilliger Jäger in die 1. Compagnie des Bataillons, 13. April Sergeant, 7. Mai Fähnrich, 24. September 1813 Lieutenant, erhielt im December das Commando der neu errichteten 7. Compagnie, führte die= selbe in Holstein und während der Belagerung Harburgs bis zur Ankunft des Hauptmanns v. Dachenhausen 16. Februar 1814, wurde im Juli 1814 zur Uebernahme des Depots commandirt, im October 1814 zum Feldauditeur ernannt und der Brigade des Obersten H. Halkett in den Niederlanden zugetheilt, fungirte während des Feldzuges von 1815 als

Ordonnanzofficier des Letzteren, im December 1815 Brigade=Auditeur bei der Grenadier=Brigade und dem Husaren=Regimente Prinz Regent des in Frankreich verbleibenden Occupations=Contingents, trat nach Auflösung des Occupations=Corps im December 1818 als Lieutenant wieder ins Bataillon, am 9. Juli 1819 aber aus dem Militairdienste in die Beamten=Laufbahn, Beamter in Scharnebeck, 1852 in Pension, lebt jetzt als Amtmann a. D. in Lüneburg.

Georg Christoph Ritter — Anc. 8. Juli 1813 —, 1791 zu Lüneburg geboren, Sohn eines churhannoverschen Cavallerie=Officiers, nahm Ende März 1813 Dienste bei dem Lüneburgschen Husaren=Regimente, Wachtmeister, trat Anfang Mai als Fähnrich ins Bataillon, 24. September 1813 Lieutenant, leicht verwundet im Gefecht bei Lauenbruch 1. April 1814, verließ 1823 den Militairdienst, lebt als Major a. D. und Saline=Cassirer in Lüneburg. (Empfing 1814 den Russischen Wladimir=Orden 4. Cl.)

Carl Wilhelm Volger — Anc. 9. Juli 1813 —, 1797 zu Suhlingen geboren, Sohn eines hannoverschen Cavallerie=Officiers, nahm im April 1813 Dienste bei dem Lüneburgschen Husaren=Regimente, Wachtmeister, trat Anfang Mai als Fähnrich ins Bataillon, 24. September 1813 Lieutenant, 16. Juni 1815 bei Quatrebras schwer blessirt, 20. December 1816 Ritter des Guelphen=Ordens, 1823 ins 3. Infanterie=Regiment versetzt, 1826 Stabs=Capitain, 1835 Compagnie=Chef im 8. Linienbataillon, 1838 im Leibregimente, 1846 Major im Gardejäger=Bataillone, 1848 Oberstlieutenant im 2. Infanterie=Regimente, 1851 Commandeur des 4. Infanterie=Regiments, 1855 des 2. Jäger=Bataillons, 1856 Oberst, 1859 Generalmajor und Commandeur der 1. Infanterie=Brigade, gestorben 1860 zu Hannover.

Bernhard Georg Koch — Anc. 10. Juli 1813 —, 1787 zu Celle geboren, vorher Regierungs=Registrator in Stralsund, trat am 12. April 1813 ins Bataillon, 13. April Sergeant, 13. Mai Fähnrich, 23. September 1813 Lieutenant, trat 1. Juli 1814 auf den Depot, am 22. Juli 1814 zu dem Landwehrbataillon Lüneburg commandirt und am 15. März 1815 in dasselbe versetzt, trat 1. März 1817 in Pension und wurde Steuer=Einnehmer zu Harburg.

Carl Theodor Meyer — Anc. 11. Juli 1813 —, 1786 zu Achim geboren, Sohn des Landes=Deconomie=Raths, trat im April 1813 ins Bataillon, 23. April Corporal, 10. Mai Fourier, Fähnrich (Anc. 6. Juli), 23. September 1813 Lieutenant, trat 1. Mai 1814 auf den Depot, 26. Mai 1814 Feldauditeur bei der leichten Brigade, verließ später den

Militairdienst um in das Civil überzutreten; 1859 als Oberamtmann zu Einbeck gestorben.

Friedrich v. Maydell — Anc. 10. Februar 1814 —, 1795 zu Rostock geboren, trat im April 1813 ins Bataillon, 3. Mai Freicorporal, 24. September 1813 Fähnrich, 14. Februar 1814. Lieutenant, trat am 1. Juli 1814 in den Depot über, am 22. ej. m. zum Landwehrbataillon Nienburg und später in das Feldbataillon Osnabrück, verließ 1828 den Militairdienst und ging nach Mecklenburg.

. . . . Wyneken — Anc. 11. Februar 1814 —, 1794 zu Verden geboren; vorher Studiosus, trat nach der Errichtung des Bataillons als Cadet ein, 24. September 1813 Fähnrich, 14. Februar 1814 Lieutenant, verließ 1814 den Militairdienst, um in die juristische Laufbahn überzutreten.

Georg Hilmar Flügge — Anc. 12. Februar 1814 —, 1792 zu Calenberg geboren; vorher Student, trat nach der Errichtung des Bataillons ein, 24. September 1813 Fähnrich, 23. April 1814 Lieutenant, 1. Juli 1814 zum Depot übergetreten, wurde er am 22. ej. m. zum Feldbataillon Osnabrück versetzt, trat später in den Civildienst und starb 8. Februar 1859 als Hofrath und Vorstand der General=Casse in Hannover.

Fähnrichs:

Friedrich Scheller — Anc. 19. Mai 1813 —, etwa 27 oder 28 Jahr alt, vorher Unterofficier in französischen Diensten, trat im April 1813 als Unterofficier in's Bataillon, 23. Mai Fähnrich, 1. December 1813 auf Ansuchen entlassen; lebt als Amtsvogt zu Eicklingen.

Johann Möller, etwa 25 Jahr alt, aus Hamburg, trat im Frühjahr 1813 in's Bataillon, 23. Juni 1813 Fähnrich, am 22. Juli als Regiments=Quartiermeister zum Bataillon v. Langrehr versetzt; aus dem Dienst getreten im November 1815.

Georg Friedrich Steinmüller — Anc. 8. Juni 1613 —, vorher Fähnrich in der hanseatischen Legion, trat am 23. Juni 1813 als Fähnrich in's Bataillon, am 17. Octbr. 1813 in Folge Kriegsrechtsspruchs entlassen.

Adolph v. Hodenberg, trat im Mai 1813 als Jäger in's Bataillon, 25. Mai Sergeant, 24. September Fähnrich, im Gefechte bei Balluhn 18 October 1813 blessirt, starb er an der erhaltenen Wunde 4. November im Hospitale zu Güstrow.

Carl Bodo v. Plato — Anc. 9. Juni 1813 —, 1797 zu Lüneburg geboren, Bruder des oben erwähnten Lieutenants O. Albr. v. Plato, trat im Mai 1813 als Cadet in's Bataillon, Cadet=Unterofficier, 24. September 1813 Fähnrich, fiel in der Schlacht von Waterloo 18. Juni 1815.

Carl Georg Hamelberg — Anc. 11. Juni 1813. —, 1798 zu Celle geboren, trat im Sommer 1813 als Cadet beim Depot ein, 16. October Sergeant, 7. November Fähnrich, 6. April 1819 auf sein Ansuchen entlassen.

Richard Louis Albr. Schaumann — Anc. 12. Juni 1813 —, 1797 zu Döhren bei Hannover geboren, trat im Sommer 1813 als Cadet in's Bataillon, 14. Februar 1814 Fähnrich, 1820 in's 2. Infanterie-Regiment versetzt, 1821 Premierlieutenant, 1839 Capitain 2. Classe, 1843 Compagnie-Chef im 3. leichten Bataillon, trat 1851 in Pension, lebt in Münden.

Adolph v. Weyhe — Anc. 8. Februar 1814 —, 1797 zu Celle geboren, trat im Sommer 1813 als Cadet beim Depot ein, 16. October Sergeant, 14. Februar 1814 Fähnrich, schwer verwundet im Treffen bei Quatrebras 16. Juni 1815, 1822 Premierlieutenant, 1839 Capitain 2. Classe, 1841 Compagnie-Chef im 6. Infanterie-Regimente, gestorben am 28. Februar 1846 zu Osnabrück.

Moritz v. Borch — Anc. 9. Februar 1814 —, 1800 zu Nienburg geboren, trat im Sommer 1813 als Cadet ein, 14. Febr. 1814 Fähnrich, 1823 Premierlieutenant, 1840 Capitain 2. Classe, 1843 Compagnie-Chef im 6. Infanterie-Regimente, 1851 Major im 7. Infanterie-Regimente, 1856 Oberstlieutenant, 1858 Commandeur des 7. Infanterie-Regiments, trat 1860 in Pension, gestorben am 25. August 1860 zu Osnabrück.

Aug. Carl Wilh. v. Penz — Anc. 10. Februar 1814 —, 1792 zu Stade geboren, Sohn eines churhannoverschen Officiers; vorher in Folge der Conscription 1½ Jahr im französischen 151. Linien-Infanterie-Regiment, wurde daselbst Sergeant-Major, trat am 28. Mai 1813 als Sergeant in das Bataillon, im Juni Feldwebel bei der 4. Compagnie, 14. Febr. 1814 Fähnrich, 2. April 1814 Adjudant, 1818 Ritter des Guelphen-Ordens, 1823 Premierlieutenant, 1841 Capitain 2. Classe, trat 1844 in Pension, gestorben am 7. October 1848 zu Lüneburg.

Leopold Sachse — Anc. 11. Februar 1814 —, 1798 zu Schwerin geboren, trat im Sommer 1813 als Cadet in's Bataillon, Freicorporal, 9. Februar 1814 bei Moorburg blessirt, 2. April 1814 Fähnrich, 16. Juni 1815 bei Quatrebras blessirt, 1816 auf Wartegeld, 1820 wieder in's Bataillon eingetreten, 1821 Ritter des Guelphen-Ordens, trat 1823 in Pension, lebt als Hauptmann a. D. in Schwerin.

Carl Christian Focke — Anc. 12. Februar 1814 —; aus Lübeck, trat 26. Mai 1813 als Corporal in's Bataillon, Sergeant, Feldwebel, 28. April 1814 Fähnrich, trat 1. Juli 1814 in den Depot über und wurde am 16. ej. m. auf Ansuchen entlassen.

Regiments-Quartiermeister:

Georg Ludwig Kuckuck — Anc. 2. Mai 1813 —, 1776 zu Verden geboren; diente vorher 10 Jahr, zuletzt als Feldwebel und Rangir-Sergeant im churhannoverschen 5. Infanterie-Regiment, dann Amtsvogt, trat im April 1813 als Lieutenant und Regiments-Quartiermeister in's Bataillon, 1817 Capitain, trat 1836 in Pension, gestorben 13. October 1848.

Regiments-Chirurgen:

Daniel Wolf, 1779 in Havelberg im Preußischen geboren, trat, nachdem er vom Doctor Knorre in Hamburg geprüft worden, im Mai 1813 in's Bataillon, starb am 14. März 1814 im Hospital zu Buxtehude am Nervenfieber.

Johann Heinr. Karsten — Anc. 1. April 1814 —, 1790 zu Hannover geboren, vorher 2 Jahr in preußischen, 5 Jahr in französischen, 1 Jahr in westphälischen Diensten, wurde am 1. April 1814 als Regiments-Chirurg beim Bataillon angestellt, 1820 auf Wartegeld gesetzt.